IM URSPRUNG LIEGT DIE HEILUNG

Michael Dawson

IM URSPRUNG LIEGT DIE HEILUNG

Der KURS, die Vergebung und die Praxis

Titel der Originalausgabe:
Healing the Cause
Erschienen bei Findhorn Press, Forres, Scotland
Copyright © 1993
Michael Dawson

Abdruck von Teilen aus *Ein Kurs in Wundern*® © 1994, 2001
Die Ergänzungen zu Ein Kurs in Wundern® © 1995
Ein Kurs in Wundern®, *A Course in Miracles*® und *EKIW*®
sind als Marke eingetragen

Übersetzt von Franchita Cattani
Lektoriert von Gerhard Juckoff
Umschlagfoto: Simon, Pu'u O'o Lavastrom HI
Gestaltung: Simon

3. Auflage 2005
Copyright © 1997 der deutschen Ausgabe
Greuthof Verlag und Vertrieb GmbH, Gutach i.Br.
Alle Rechte vorbehalten
ISBN 3-923662-41-6

Satz: TypoVision, Zürich
Gedruckt auf chlorfrei gebleichtem Papier

Einzelexemplare dieses Buches können ganz einfach
direkt beim Verlag bezogen werden:

Greuthof Verlag und Vertrieb GmbH
Herrenweg 2 · D 79261 Gutach i. Br.
Tel. 0 76 81 - 60 25 · Fax 0 76 81 - 60 27
mail@greuthof.de · www.greuthof.de

Gerne senden wir Ihnen unser aktuelles Gesamtverzeichnis,
auf Wunsch auch Informationen zu *Ein Kurs in Wundern*.

Den Anstoß zu diesem Buch hat mir *Ein Kurs in Wundern*® gegeben. Es enthält meine eigene Deutung einiger der im Kurs dargelegten Grundsätze, aber reicht natürlich nicht an die Tiefe und Reinheit des Originals heran. Wenn dieses Buch Ihr Interesse weckt, empfehle ich Ihnen, diese Lehren im Kurs selbst, den nichts ersetzen kann, nachzulesen.

Für Salice, die mir sehr geholfen hat, und für Kenneth Wapnick, meinen Führer auf dem Weg zum besseren Verständnis.

Inhalt

Vorwort 9

1 Einleitung 15
Symptombehandlung oder Heilung 15
Ein Kurs in Wundern 19
Wie der Kurs entstand 20
Was der Kurs ist 22
»Gesundheit ist innerer Frieden ...« 27
» ... Krankheit ist vom Geist ...« 33

2 Ein Problem, eine Lösung 41

3 Die Ego-Welt der Verleugnung
und Projektion 53
Die Verleugnung 57
Die Projektion 64
Besondere Haßbeziehungen 69
Besondere Liebesbeziehungen 72
Zusammenfassung 77

4 Die Ursachen von Krankheit 85
Die Rolle des Körpers 85
Warum Krankheit wählen? 95

5 Uns selbst heilen 107

Wie sollen wir vergeben? 111
Die drei Schritte zur Vergebung 112
Der Widerstand gegen die Vergebung 123
Falsche Vergebung 127
Heilige Beziehungen 128

6 Um Hilfe bitten 137

Das falsche und das wahre Gebet 138
Alle Gebete werden erhört 144
Zusammenfassung 149

7 Andere heilen 155

Einleitung 155
Das Ziel der Heilung 155
Wir wählen Krankheit oder Heilung 158
Der geheilte und der ungeheilte Heiler 160

Anhang

Kurze Zusammenfassung des Kurses 177
Schlüsselbegriffe in *Ein Kurs in Wundern* 182
Hinweise zum Lesen der Zitatangaben
zu *Ein Kurs in Wundern* 183
Literatur- und Kassettenempfehlungen 184

Vorwort

Das Denksystem von *Ein Kurs in Wundern** bildet die Grundlage zu diesem Buch. Ich habe Anfang der achtziger Jahre mit dem Lesen des Kurses begonnen, und als ich damit fertig war, habe ich ihn beiseite gelegt. Eines Tages bekam ich zwei einführende Bücher von Kenneth Wapnick über den Kurs zugeschickt: *Einführung in ein Kurs in Wundern*** und *Christian Psychology in A Course in Miracles****. Ich weiß heute noch nicht, wer sie mir geschickt hat. Diese Bücher haben mir einen völlig neuen Einblick in das Denksystem des Kurses ermöglicht und mich darin bestärkt, mich weiter mit dem Kurs zu befassen. Seither sind mir die Bücher und Kassetten von Kenneth Wapnick eine große Hilfe gewesen, und außerdem hat er mir persönlich bei meinem Buch geholfen. Seine Durchsicht meines ersten Entwurfs und seine stichhaltigen Kommentare haben mich zu beträchtlichen Änderungen für die endgültige Fassung bewogen. Ich finde, daß Kens Lehrhilfen und Gedanken ein anfangs schwerverständliches Denksystem hervorragend verdeutlichen. Über die Jahre habe ich viele Gedanken von ihm übernommen, die sich natürlich in diesem Buch wiederfinden, besonders im 3. und 4. Kapitel.

---

*   Greuthof Verlag, 1994.
**   Greuthof Verlag, 1993.
*** Siehe Literaturempfehlungen im Anhang.

Weiterhin bin ich meiner Frau Salice – die ebenfalls eine Schülerin des Kurses ist – sehr zu Dank verpflichtet: Sie hat mir durch die ganze Planungs- und Schreibphase des Buches hindurch ständig geholfen und mir immer wieder Mut gemacht. Salice hat buchstäblich jedes Wort unter die Lupe genommen und wertvolle Bemerkungen zu Stil und Inhalt abgegeben, und danach hat sie das ganze Manuskript ins reine getippt.

Salices und Kens Hinweise haben dazu geführt, daß ich ein viel besseres Buch schreiben konnte, als es nach meinen ursprünglichen Ideen der Fall gewesen wäre. Zuweilen hat sich mein Ego durch ihre gemeinsame Wachsamkeit ziemlich bedroht gefühlt. Ich weiß aber, daß das Schreiben des Buches vor allem bezweckt hat, mich der Wirklichkeit des Geistes näherzubringen, und ihre scharfsinnige Kritik hat viel dazu beigetragen.

Ich möchte auch Caroline Myss für ihre wohlüberlegten Kommentare zum Aufbau des Buches und ihre Ermutigung zu dessen Veröffentlichung danken.

Schließlich gebührt mein Dank ebenfalls Charles Frizell, David Pashby, Sandra Kramer und Lori Sunshine, die das Manuskript gelesen und mich mit Vorschlägen unterstützt haben.

Die Fallbeispiele in diesem Buch sind aus dem Leben gegriffen, aber zum Schutz meiner Klienten habe ich ihre Namen und andere typischen Charaktereigenschaften und Merkmale verändert.

Im vorliegenden Buch habe ich männliche Fürwörter verwendet; ich bitte alle, die daran Anstoß nehmen, dies zu entschuldigen. Es ist aus grammatischen Gründen geschehen und um die schwerfälligen Wiederholungen »er oder sie«, »ihm oder ihr«, »seinem oder ihrer« usw. zu vermeiden. Damit ist keineswegs eine ungleiche Behandlung der Geschlechter beabsichtigt.

11

Nichts Wirkliches kann bedroht werden.
Nichts Unwirkliches existiert.
Hierin liegt der Frieden Gottes.

Ein Kurs in Wundern
Einl. 2:2-4

1
Einleitung

Es sind nur deine Gedanken, die dir Schmerz verursachen. Nichts außerhalb von deinem Geist kann dich in irgendeiner Weise verletzen oder kränken. **Es gibt keine Ursache jenseits von dir, die herabreichen und Bedrängnis bringen könnte. Niemand außer dir beeinflußt dich. Es gibt nichts in der Welt, was die Macht hat, dich krank oder traurig, schwach oder gebrechlich zu machen. Du aber bist es, der die Macht hat, alle Dinge, die du siehst, dadurch zu beherrschen, daß du einfach wiedererkennst, was du bist.**

Ü-I.190.5:1-6*

Symptombehandlung oder Heilung

Falsche Heilung kann fürwahr eine Form von Krankheit und von Schmerz entfernen. Doch die Ursache bleibt, und sie wird der Wirkungen nicht ermangeln.

L-3.II.1:4-5

»Jetzt habe ich schon drei Tage und drei Nächte Kopfschmerzen. Kannst du mir nicht helfen?« Joan, die Mutter eines Freundes, hatte gehört, daß es mir ganz gut gelang, Kopfschmerzen mit Massage zu lindern. »Ich war schon bei zwei Ärzten, aber

---

*   Siehe »Hinweise zum Lesen der Zitatangaben« im Anhang.

15

es hat nicht geholfen. Und wenn ich den Kopf nicht gerade halte, wird mir auch noch übel.« Als ich hörte, wie schwerwiegend die Symptome waren, dachte ich, meine einfache Kopfmassage würde in diesem Fall wenig nützen. Trotzdem sagte ich ihr, ich wolle mein Bestes tun, und bat sie, sich hinzulegen und zu entspannen. Ich legte meine Hände etwa eine Minute lang leicht auf ihren Kopf, um mich zu zentrieren und selbst zu entspannen. Als ich ruhiger geworden war, fing ich an, ihren Kopf zu massieren. Kurz darauf sagte Joan: »Vielen Dank, die Schmerzen sind völlig vergangen.« Aber das kann doch nicht sein, dachte ich, ich habe ja noch gar nicht richtig angefangen!

Diese Begebenheit hat einen tiefen Eindruck auf mich gemacht. Was war hier vorgefallen? Ich fing an, über Geistheilung und Handauflegen nachzulesen. Der Gedanke war recht schmeichelhaft, ich könnte besondere Kräfte oder Energien haben, mit denen ich anderen helfen konnte. Meine Freunde begannen, sich mit ihren Schmerzen und Wehwehchen an mich zu wenden, und ich war gerne bereit, den Versuch zu unternehmen, ihnen zu helfen. Meistens gelang es mir auch, ihre Schmerzen zu lindern oder zu beheben.

Als ich bei einem Freund zu Besuch war, stellte er mir seinen Mitbewohner Peter vor. Dieser hatte sein Leben lang unter Kreuzschmerzen gelitten. Als er hörte, daß ich Heilkräfte besaß, bat er mich um eine Sitzung. Während ich ihn behandelte, berichtete er, der Schmerz verlagere sich von seiner Wirbelsäule in die rechte Gesäßbacke. Von da aus rutschte er sein rechtes Bein hinunter und verschwand schließlich durch seinen Fuß. Das Ganze hatte etwa zehn Minuten gedauert. Den Rest des Tages war er schmerzfrei. Am nächsten Morgen war der Schmerz in der gewohnten Stärke wieder da.

Ich hatte eine solche Wiederkehr der Symptome schon bei anderen Gelegenheiten festgestellt – Kopf-, Rückenschmerzen und andere Beschwerden waren eine Weile lang geheilt, kehrten jedoch wieder. Das war zwar nicht immer der Fall, aber es kam oft genug vor, um meine Neugier anzustacheln. Es erinnerte mich an Menschen mit chronischen Schmerzen, die mit Medikamenten verschwanden, jedoch wiederkehrten, wenn die Wirkung des Medikaments nachließ. Ob meine Hände wie eine Art von Aspirin waren, das regelmäßig eingenommen werden mußte? Und wenn ja, war dann das, was ich da tat, zum Besten meiner Klienten? Auf welcher Ebene lag das Problem? Ich machte mich daran, mehr zu diesem Thema und besonders über psychosomatische Medizin zu lesen.

Bei meinen Nachforschungen schälte sich die Verbindung zwischen Körper und Geist immer stärker heraus. Schon 500 v. Chr. hatte Sokrates gesagt:»Es gibt keine Krankheit des Körpers getrennt vom Geist.« Sogar Louis Pasteur, der Vater der Antibiotika, stellte fest:»Es kommt nicht auf die Bakterien an, sondern auf den Nährboden.« Bei meiner Lektüre über das Geistheilen fielen mir gechannelte Bücher in die Hände. Sie waren Quellen tiefer Weisheit und Inspiration für mich. Ich wurde Mitglied der von Alice Bailey gegründeten Arkanschule. Alice Bailey hatte im Verlauf etlicher Jahre telepathisch 18 Bände esoterischer Lehren empfangen, darunter die *Abhandlung über die Sieben Strahlen*. Darin las ich:

... das Grundgesetz, auf dem sich alles okkulte Heilen aufbaut, kann wie folgt angegeben werden:
Jede Krankheit ist das Ergebnis gehemmten Seelenlebens; das gilt für alle Formen in allen Reichen. Die Kunst des Heilers besteht darin, die Seele freizumachen, so daß ihr Leben durch die Organismen-Aggregate strömen kann, aus denen jede Form besteht.*

---

* Alice A. Bailey, *Abhandlungen über die Sieben Strahlen. Bd. IV, Esoterisches Heilen*. Lucis Verlag, 1962, S. 17.

Das klang in mir an; außerdem bestärkten mich die Bücher von White Eagle noch weiter in dieser Richtung. White Eagle war der innere Führer von Grace Cooke. Im *Jesus-Buch* von White Eagle fand ich den folgenden Satz:

*Wenn der Körper krank ist, fehlt ihm das Licht auf irgendeine Weise. Alle Krankheiten werden zu gegebener Zeit darauf zurückgeführt werden.**

Intuitiv war mir klar, daß ich den Schlüssel zum Verständnis der Ebene, auf der die Krankheit verursacht wird, gefunden hatte. Ich sah ein, daß der körperliche Zustand vom Geisteszustand abhängt. Wenn wir den Körper lieblos verwenden, nutzt er sich ab und verfällt mit der Zeit. Wenn wir ihn als Mittel einer liebevollen Kommunikation verwenden, bleibt er gesund und leistet uns gute Dienste.

Ich erkannte, daß meine Klienten beim Heilungsvorgang mitmachen mußten, wenn ihre Heilung andauern sollte. Sie würden die Bereitschaft aufbringen müssen, tiefer zu gehen als bis zu ihren körperlichen Symptomen und zu lernen, jenen dunklen Punkt in ihrem Geist zu heilen, der sich im körperlichen Zustand niederschlägt und nur dessen Schatten ist. Es genügte mir nicht mehr, meine Hände als eine Art Aspirin zur Verfügung zu stellen, das man zweimal wöchentlich einnehmen konnte, bis man gesund war. Jetzt wurde es mir wichtig, meine Klienten urteilslos zu unterstützen und es ihnen zu ermöglichen, einige brisante Themen in ihrem Leben anders zu betrachten. Erst später wurde mir klar, daß ich damit versucht hatte, ihnen bei ihrem Prozeß der Vergebung zu helfen.

---

* White Eagle, *Das Jesus-Buch*. Aquamarin-Verlag, 1993 (zitiert nach dem engl. Original).

Um diese Zeit besuchte ich die Findhorn-Foundation, eine internationale spirituelle Gemeinschaft im Norden Schottlands. Dort fiel mir ein Buch in die Hände, das meinem Leben eine neue Richtung geben sollte.

Ein Kurs in Wundern

Eines Tages ging ich nach dem Essen im Gemeinschaftszentrum der Findhorn-Foundation in den dortigen Phoenix-Buchladen. Im Schaufenster waren die drei Bände eines Buches mit dem Titel *Ein Kurs in Wundern* ausgestellt. Der Titel beeindruckte mich nicht besonders, aber das Buch zog mich trotzdem an. Ich nahm den dicksten Band, das »Textbuch«, in die Hand, öffnete es irgendwo und las einen Absatz. Ich kann mich nicht an das Gelesene erinnern, aber ich weiß noch, welche Wirkung es auf mich hatte. Es war wie ein Schock, der mich zutiefst beeindruckte. Das Buch schien keinen Autor zu haben, es stand nur der Name des Verlags darin – »Foundation for Inner Peace«, USA. Der zweitdickste der drei Bände hieß »Übungsbuch« und enthielt 365 Lektionen zum Umsetzen der theoretischen Grundlagen des Textes in die Praxis des Alltagslebens. Der dünnste Band mit dem Titel »Handbuch für Lehrer« enthielt Zusammenfassungen der wichtigsten Themen des Kurses in Frage- und Antwortform.

Am nächsten Tag zog mich dieses Schaufenster wieder an, und wiederum öffnete ich einen der drei Bände an irgendeiner Stelle und las darin. Das wiederholte sich zwei Wochen lang, bis ich nach London zurückkehren mußte. Die Wirkung des Werkes hielt an, und schließlich schrieb ich an den Phoenix-Buchladen und ließ es mir schicken. Bald entdeckte ich, daß ich wieder auf ein durchgegebenes Buch gestoßen war, und zwar auf eines, das meinen Heilansatz mir und anderen gegenüber grundsätzlich beeinflussen sollte.

Wie der Kurs entstand

Die Art, wie der Kurs niedergeschrieben wurde, ist ein schönes Beispiel für die Grundsätze, die darin erläutert werden. Der Professor für klinische Psychologie William Thetford wurde 1957 Direktor der psychologischen Abteilung der medizinischen Fakultät an der Columbia-Universität in New York. Im folgenden Jahr ernannte er Helen Schucman, Assistenzprofessorin für klinische Psychologie, zur Leiterin eines Forschungsprojekts. Beruflich arbeiteten sie gut zusammen, ihre persönliche Beziehung zueinander und die Beziehung innerhalb ihrer Abteilung und zu anderen Abteilungen hingegen waren von Kritik, Ärger und Schuldzuweisungen geprägt. Beide waren der Meinung, der andere sei dafür verantwortlich, daß sie so unglücklich waren.

Eines Tages im Jahr 1965 sagte Bill zu Helen, es müsse »einen anderen Weg« geben, um miteinander umzugehen, auch innerhalb und zwischen den Abteilungen. Helen stimmte ihm zu und sagte, sie wolle ihm helfen, diesen Weg zu finden. Das ist ein Beispiel dafür, was im Kurs ein »heiliger Augenblick« genannt wird, in dem Vergebung anstelle des Festhaltens an einem Groll gewählt wird. Dieser Wechsel der Wahrnehmung ist das, was der Kurs als »Wunder« bezeichnet.

Dieses Gespräch, bei dem sie sich in einer gemeinsamen Zielsetzung verbanden, war die Geburtsstunde des Kurses. Helen fing kurz darauf an, Träume, Visionen und übersinnliche Wahrnehmungen zu haben, die ihrer logischen, rationalen und wissenschaftlich orientierten Denkweise völlig zuwiderliefen und sie sehr beunruhigten. Bill war ihr in dieser Zeit eine große Hilfe und beruhigte sie immer wieder, sie sei nicht verrückt geworden.

Im Oktober 1965 »hörte« Helen innerlich die Worte: »Dies ist ein Kurs in Wundern. Bitte schreib mit.« Völlig außer sich rief sie Bill an, der sie zu beruhigen suchte und ihr vorschlug, sie solle dieses innere Diktat aufschreiben und am nächsten Tag mit ins Büro bringen. Er sagte zu Helen, wenn es sich als unsinnig herausstelle, könnten sie es einfach wegwerfen, und niemand würde je etwas davon erfahren. Allerdings wurde es sehr bald klar, daß der Kurs tiefe Weisheiten enthielt und sie ihn nicht einfach ad acta legen konnten. Sieben Jahre lang empfing Helen nun dieses innere Diktat, das sie mitstenographierte. Sie sagte, es sei wie ein inneres Tonband, das sie nach Belieben an- und ausschalten konnte, sogar mitten in einem Satz. Bill unterstützte und ermutigte Helen dabei, und er war es auch, der täglich die Stenoaufzeichnungen Helens, die sie ihm vorlas, in die Schreibmaschine tippte.

Der vorwiegend in der Ich-Form geschriebene Kurs stammt von Jesus. Es finden sich mehrere Hinweise auf sein Leben vor zweitausend Jahren darin, besonders hinsichtlich seiner Kreuzigung, die er in einem völlig anderen Licht darstellt, als wir es gelernt haben. Helen erschrak, als sie merkte, von wem diese Lehren stammten. Damals gab sie sich nämlich als Atheistin aus. Sie hatte in ihrer Jugend Gott gesucht, aber es war ihr, wie sie glaubte, mißlungen. Sie war immer noch ärgerlich auf diese Gottheit, die nach ihrer Ansicht ihr gegenüber nicht dieselbe Anstrengung unternommen hatte wie sie. Ihre Zwiespältigkeit gegenüber Gott übertrug sich nun auf Jesus, mit dem sie bis zu ihrem Lebensende eine Haßliebe verband. Im Kurs sagt uns Jesus, er verstehe, daß viele von uns Schwierigkeiten hätten, mit ihm in Beziehung zu treten, und der Kurs könne uns auch nützen, wenn wir nicht daran glaubten, daß er dessen Autor sei (B-5.6).

Der Kurs wurde genauso veröffentlicht, wie er empfangen wurde, mit Ausnahme der persönlich für Helen und Bill bestimmten Stellen. Das Textbuch war als ein einziger fortlaufender Text diktiert worden, und dort mußten Kapitel- und Abschnittüberschriften, Satzzeichen und Absätze eingefügt sowie die Großschreibung der auf Gott bezogenen Begriffe vereinheitlicht werden. Dabei half der Psychologe Kenneth Wapnick mit. In seiner unter dem Titel *Jenseits der Glückseligkeit** veröffentlichten Biographie über Helen erzählt er die fesselnde Geschichte der Entstehung von *Ein Kurs in Wundern*. Bill betrachtete seine Arbeit mit Helen als einen »heiligen Auftrag«. Der Kurs war die Antwort auf ihr gemeinsames Bedürfnis nach »einem anderen Weg« des Umgangs miteinander.

Helen bekam noch zwei weitere Schriften auf dieselbe Weise von Jesus diktiert. Die erste war 1975 fertig, drei Jahre nach dem Kurs. Unter dem Titel *Psychotherapie: Zweck, Prozeß und Praxis*** werden darin die Lehren des Kurses über die Heilung im spezifischen Rahmen der Psychotherapie zusammengefaßt. Danach schrieb Helen 1977 *Das Lied des Gebets: Gebet, Vergebung, Heilung***, und zwar als Antwort auf Fragen, die Ken hinsichtlich des richtigen Gebets gestellt hatte. Es ist eine poetische Zusammenfassung von Gedanken über das Gebet, Vergebung und Heilung.

Nach Helens Tod 1981 wurde ihr von Jesus inspirierter Gedichtband *Die Gaben Gottes**** veröffentlicht.

Was der Kurs ist

In meinem Buch gebe ich den Kurs in der Hauptsache so wieder, wie ich ihn und die Grundsätze darin verstehe. Ich

---

*   Greuthof Verlag, 1999.
** Enthalten in *Ergänzungen zu Ein Kurs in Wundern*, Greuthof Verlag, 1995.
*** Greuthof Verlag, 2003.

beginne mit ein paar einführenden Gedanken zu einigen seiner Themen.

Der Kurs ist ein Werk, das uns aufzeigt, wie wir unseren Geist heilen können, denn dort liegt die Ursache all unserer körperlichen und seelischen Leiden. Er zielt auf das Erlangen inneren Friedens und einer stillen Freude ab, ungeachtet dessen, was wir tun, mit wem wir zusammen sind oder wo wir uns befinden. Das erreicht er, indem er uns lehrt, die Welt anders zu betrachten. Dieser Wechsel der Wahrnehmung ist das Wunder, und daher stammt der Titel des Buches.

Der Kurs lehrt uns, daß alles in dieser Welt als Spiegel für das, woran wir glauben, verwendet werden kann. Unsere Beziehungspartner sind die wirksamsten Spiegel. Unter Beziehungen verstehe ich alle Arten von Beziehungen, sowohl zwischen Liebespaaren als auch zwischen Eltern und Kindern, Therapeuten und Klienten, Arbeitgebern und Arbeitnehmern, Freunden usw. Eine Beziehung bringt uns sehr deutlich zu Bewußtsein, was in unserem Geist der Heilung bedarf. Im Kurs wird gelehrt, daß wir durch Vergebung und dadurch, daß wir uns um Hilfe nach innen wenden, alle Schuld aufheben können, die wir mit uns herumtragen. Diese Schuld stammt vom falschen Glauben in unserem Unbewußten, wir hätten uns von Gott trennen wollen und es sei uns gelungen. Im 2. Kapitel gehe ich näher darauf ein. Schuld ist ein Begriff, der im Kurs Selbsthaß, Minderwertigkeitsgefühle, Mangel an Selbstwertgefühl und alle negativen Vorstellungen von uns selbst bezeichnet. Wenn wir unsere Schuld aufheben lernen, wird die Erinnerung an GOTTES LIEBE zu uns in unserem Geist wieder wach. Wenn wir die bedingungslose LIEBE GOTTES erneut erfahren, verliert alles in dieser Welt seinen Reiz, einschließlich unserer Gleichsetzung mit unserem Körper (siehe Abbildung 1.1).

23

> »Die Welt, die ich sehe, birgt nichts, was ich will.«
> (Überschrift der Lektion 128)

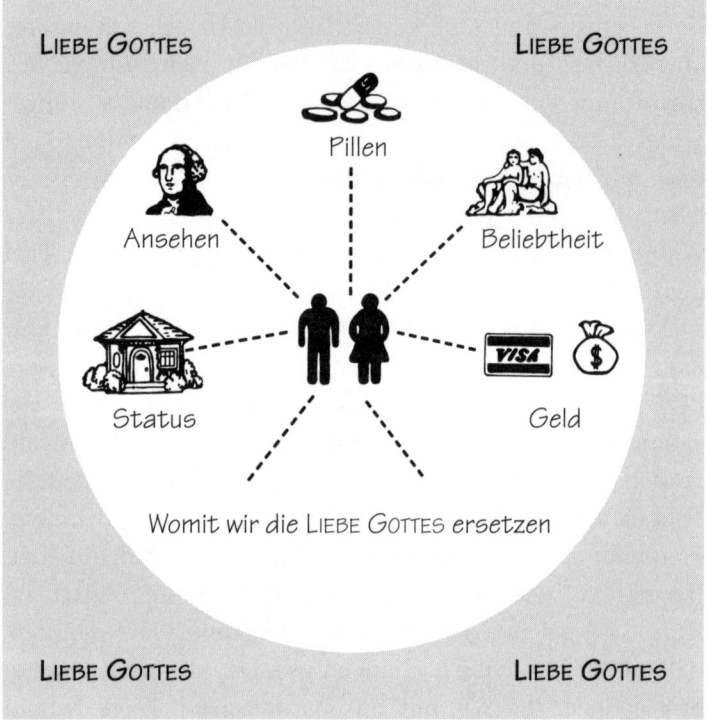

LIEBE GOTTES   LIEBE GOTTES

Pillen

Ansehen   Beliebtheit

Status   Geld

Womit wir die LIEBE GOTTES ersetzen

LIEBE GOTTES   LIEBE GOTTES

Abb. 1.1

»In dieser Welt glaubst du, daß alles mögliche dich erhält, nur nicht GOTT. Du vertraust auf die trivialsten und wahnsinnigsten Symbole: auf Pillen, Geld, »schützende Kleidung«, Einfluß, Ansehen, Beliebtheit, Beziehungen zu den »richtigen« Menschen und auf eine endlose Liste von Formen des Nichts, die du mit magischen Kräften ausstattest. All diese Dinge sind dein Ersatz für die LIEBE GOTTES. All diese Dinge werden gehegt, um die Identifikation mit dem Körper sicherzustellen. Sie sind Loblieder auf das Ego. Vertraue nicht auf Wertloses. Es wird dich nicht erhalten. Nur die LIEBE GOTTES wird dich in allen Umständen schützen.«   Ü-I.50.1:2-3:1

Im Kurs werden die heutige Psychologie, eine radikale Metaphysik und tiefe spirituelle Weisheit auf einzigartige Weise miteinander verbunden. Die Psychologie beruht vorwiegend auf Sigmund Freuds Theorien über die Abwehrmechanismen der Verdrängung oder Verleugnung und Projektion, die ich im 3. Kapitel erläutern werde. Die drei Bände, die der Kurs umfaßt, sind ein lebenslanger Lehrgang, den man immer wieder lesen muß, um Nutzen aus der Tiefe der darin enthaltenen Lehre zu ziehen. Es gibt etliche Parallelen zwischen der Metaphysik des Kurses und einigen östlichen Philosophien und Religionen.* Im Kurs finden sich über 700 Hinweise auf Bibelstellen, wobei Jesus die Aussagen der Bibel oft neu deutet. Es kommen viele christliche Begriffe darin vor, jedoch mit einem völlig neuen Sinn. Jesus betont, daß wir nicht schuldige, sündige Kreaturen sind, die durch Opfer und Leiden sühnen müssen. Vielmehr vermittelt er uns die tröstliche Botschaft, daß wir schuldlose, sündenlose Schöpfungen GOTTES und im HIMMEL eingeschlafen sind. In unserem kollektiven Traum haben wir die abstrakte, ewige Schönheit unseres wahren Wesens vergessen und glauben nun, wir seien Körper in einer Welt der Formen.

Der Kurs versucht nicht, uns davon zu überzeugen, daß er der einzige spirituelle Weg ist. Vielmehr heißt es, er sei nur einer von »vielen Tausenden« von spirituellen Wegen und es würden auch andere Lehrer gebraucht, die andere Symbole verwenden (H-1.4:1-2; H-5.1:3-5). Jesus sagt oft, die Botschaft seines Kurses sei einfach. Wenn wir aber damit beginnen, erscheint es den meisten überhaupt nicht so. Das liegt daran, daß das Denksystem des Kurses das genaue Gegenteil unserer Ego-Sichtweise der Welt darstellt. Im Kurs wird der Begriff

---

* Siehe z.B. Ramana Maharshi, *Sei, was du bist*, O. W. Barth Verlag, 1995.

»Ego« wie im Orient verwendet, um unser »kleines Selbst« zu bezeichnen, das wir gemacht haben, um unser wahres SELBST zu ersetzen, das GOTT erschaffen hat. Unser Ego setzt sich mit unserem Körper gleich, während unser SELBST (oder unsere CHRISTUS-Natur) nur die Wahrheit unserer formlosen, spirituellen Herrlichkeit kennt.

Jesus betont zudem, daß alle Kinder GOTTES, die im Kurs als SOHN, SOHNSCHAFT oder CHRISTUS bezeichnet werden, als ebenbürtig erschaffen wurden. Somit wird Jesus in GOTTES Augen nicht speziell bevorzugt, sondern er ist genauso wie wir alle. Er ist einfach vor uns erwacht und hat sein wahres Wesen erkannt, und nun versucht er uns zu helfen, das wiederzuerlangen, was wir vergessen haben. In den späteren Kapiteln führe ich einige der Lehren des Kurses weiter aus, insbesondere im Hinblick auf die Heilung unseres Geistes.

Speziell das Textbuch erscheint recht schwer verständlich und ebenso die Anwendung der Vergebung. Deshalb lesen manche lieber nur das Übungsbuch. Das Textbuch enthält jedoch sehr viele Gedanken – besonders über die Beziehungen –, die im Übungsbuch nicht enthalten sind. Das Textbuch liefert die theoretische Grundlage zum Übungsbuch. Ohne Kenntnis des theoretischen Rahmens des Kurses aus dem Textbuch können das Übungsbuch und dessen Botschaft, wenn sie aus dem Zusammenhang gerissen werden, sehr leicht mißverstanden werden. Umgekehrt führt das Studium des Textbuchs ohne die praktische Anwendung durch die Übungsbuchlektionen zu einem abstrakten Verständnis des Kurses, dem die Fundierung fehlt. Mit der Zeit jedoch wird die Botschaft des Kurses einfach, wenn auch nie leicht umzusetzen. Das Opferbewußtsein ist tief in unserer Psyche verwurzelt, und der Wunsch, andere für unser Unglück anzuklagen, ist allgegenwärtig. Die Botschaft, daß niemand außer uns selbst uns den Frieden wegnehmen kann, wie es im Kurs heißt (siehe Zitat zu

Beginn dieses Kapitels), ist schwer zu akzeptieren, aber am Ende führt sie uns zum Glück.

Gesundheit ist innerer Frieden ... Gesundheit stellt sich ein, wenn jeder Versuch aufgegeben wird, den Körper lieblos zu benutzen.

T-2.I.5:11; T-8.VIII.9:9

Nach meinem ersten Besuch in der Findhorn-Foundation fuhr ich im darauffolgenden Jahr wieder dorthin und nahm an einem Workshop über Heilung teil. Damals entschied ich mich zu einer intensiveren Arbeit mit der Heilung. Es wurde mir erst viel später klar, daß ich diesen Weg gewählt hatte, um mich selbst zu heilen. Die meisten Menschen in Findhorn wissen, daß ihr Denken zumindest einen Einfluß auf ihre Krankheiten hat. Dieses Wissen ermöglichte es mir, meine Klienten auf eine tiefere Ebene ihres Geistes zu geleiten, wo es an Vergebung fehlte, und dadurch konnten sie über ein schmerzliches Thema »anderen Geistes werden«, wie es im Kurs heißt. Wenn mein Klient Vergebung erlangen konnte, verschwand sein Schuldgefühl, und dessen Schatten im Körper – die Krankheit – löste sich ebenfalls auf. Die folgende Begebenheit ist ein Beispiel dafür.

John kam wegen seiner chronischen Schmerzen am Genick zu mir. Aufgrund seiner wissenschaftlichen Vorbildung war er dieser Art von Heilung gegenüber etwas skeptisch. Er litt aber schon einige Monate unter Nackenschmerzen, und im Krankenhaus hatte man ihm zu einer langwierigen physiotherapeutischen Behandlung geraten. Ich erklärte John, daß ein Teil seines Geistes genau wußte, worin die Ursache seines Problems lag. Um ihm den Zugang dazu zu erleichtern, wollte ich Entspannungsübungen mit ihm machen und einige Möglich-

27

keiten ausprobieren, die ihm helfen sollten, seinen Verstand abzuschalten, damit er sich seiner inneren Weisheit öffnen könne. Ich bat ihn, sich hinzulegen, und machte es ihm mit Kissen und einer Wolldecke bequem. Mit einer progressiven Entspannungstechnik ließ ich ihn alle Muskeln seines Körpers an- und entspannen. Während er damit beschäftigt war, ließ ich meine Hände ganz leicht auf seinem Kopf liegen, weil mir das hilft, mich sowohl mit dem Klienten zu verbinden als auch dessen Entspannung zu fördern. Dann bat ich ihn, er solle beten und damit seine Bereitschaft bekunden, die Hilfe zu empfangen, die immer da ist; er solle um Hilfe bitten, daß er die Gedanken erkenne, die in seinem Geist geändert werden mußten, damit eine Heilung eintreten konnte. In meinem Vorgespräch mit ihm hatte ich festgestellt, daß er dem Beten gegenüber aufgeschlossen war. Als er sein stilles Gebet verrichtete, betete auch ich. Ich bat darum, daß ich mich meiner eigenen Quelle der Hilfe öffnen und in dieser Heilungssitzung als Werkzeug verwendet werden möge.

Wir verbrachten einige Minuten in Schweigen, und ich behielt meine Hände weiterhin auf seinem Kopf. Dann fragte ich John, wie er sich fühle und ob er etwas sehe. Er berichtete, ihm sei das Gesicht seiner Tante erschienen, die folgendes gesagt habe:»Dieser Schmerz in deinem Nacken ist die Rache für das, was du getan hast.« Das habe sie nicht als Anschuldigung, sondern als einfache Feststellung gesagt. Die Worte ergaben jedoch keinen Sinn für John, und deshalb beschlossen wir, diese merkwürdige Botschaft vorerst beiseite zu lassen. John hatte zwar betont, daß sein Intellekt logisch, rational und wissenschaftlich gut entwickelt war, aber ich spürte, daß auch seine Intuition gut entwickelt war und daß ich es mit einer Bilderreise in einer geleiteten Meditation versuchen konnte, um ihn zu seiner eigenen inneren Weisheitsquelle zu führen.

Ich begann die Reise mit der Aufforderung, er solle sich vorstellen, daß er an einem Sommertag eine Landstraße entlanggehe. Damit er lernte, alle Sinne einzusetzen, sollte er die Straße unter seinen Füßen spüren, die Blumen riechen, auf die Geräusche in der Natur achten und seine Umgebung und den Himmel über sich beobachten. Das sollte ihm helfen, sich stärker mit seiner inneren Welt zu beschäftigen, um eine Lockerung seiner verstandesmäßigen Kontrolle zu bewirken. Ich geleitete ihn weiter auf seinem Gang durch die Natur und hielt dabei manchmal an, damit er sich näher mit einer interessanten Einzelheit befassen konnte.

Mit dieser Reise beabsichtigte ich, John mit einem Symbol seiner inneren Weisheit oder seinem höheren Selbst in Berührung zu bringen, das der Kurs als den HEILIGEN GEIST bezeichnet. Diese geführte Reise sollte jedoch ein jähes Ende haben. Ich glaubte, ihn eben durch einen Wald zu führen, als er mich ziemlich gereizt unterbrach und sagte, er habe schon viermal erfolglos versucht, in den Wald hineinzugehen. Bei jedem Versuch hätten sich die Bäume in einen weißen Nebel verwandelt, und der Wald sei verschwunden.

Einer der Sätze, mit denen ich bei der Heilung arbeite, lautet:»Alles, wogegen du dich sträubst, bleibt bestehen – alles, was du annimmst, läßt sich heilen.« Also sagte ich John, er solle diesen Nebel akzeptieren, um Hilfe bitten und durch ihn hindurchgehen. Als er das tat, erschien eine von violettem Licht umgebene menschliche Zelle im Nebel. Dank seiner wissenschaftlichen Ausbildung erkannte er sie als menschliche und überdies von Krebs befallene Zelle. Plötzlich kehrte die Erinnerung an seine sterbende Mutter wieder, zusammen mit starken Schuld- und Schamgefühlen. Er sagte, er habe damals mit der Situation nicht umgehen können und die Sorge für die Mutter seiner Tante überlassen. Es war dieselbe Tante, die ihm zu Beginn der Heilungssitzung erschienen war.

John brach in Tränen aus, die er während der Krankheit seiner Mutter nicht hatte vergießen können. Er begriff, daß er die ganze damit verbundene Schuld und Scham unterdrückt hatte und jetzt Vergebung dafür erlangen mußte. Ich empfahl ihm, seine Mutter zu dieser Sitzung »einzuladen« und ihr alles zu sagen, was er ihr sagen wollte. Er solle sich vorstellen, daß seine Mutter tatsächlich im Zimmer sei, und laut mit ihr reden. Als er damit fertig war, bat ich ihn, darauf zu achten, ob seine Mutter ihm etwas sagen wolle, und ihre Worte laut zu wiederholen. Das sollte John Gelegenheit geben, seine vergrabenen Gefühle in bezug auf seine Mutter mitzuteilen und sich selbst sein vergangenes Verhalten zu vergeben.

Daraufhin forderte ich John auf, er solle seine Aufmerksamkeit wieder auf das Zimmer lenken, in dem wir uns befanden, wenn die Begegnung für ihn abgeschlossen sei. Er berichtete, sein Nacken fühle sich jetzt viel besser an und er verstehe jetzt, was seine Tante mit ihrer Bemerkung zu Beginn der Sitzung gemeint habe. Seine Mutter war an Krebs am Genick gestorben, und die verdrängte Schuld und Scham, die John über sein Verhalten während ihrer Krankheit empfunden hatte, hatte sich in seinen eigenen Schmerzen am gleichen Punkt niedergeschlagen.

Etwa vier Tage danach fragte ich John kurz vor seiner Abreise aus Findhorn, wie es mit seinen Nackenschmerzen stehe, worauf er antwortete, die Besserung habe angehalten. Wir hatten beide eine intensive Erfahrung dessen gemacht, wie sich eine im Geist befindliche Schuld im körperlichen Zustand niederschlägt und wie die Macht der Vergebung beides auflöst.

Das ist das erste einer ganzen Reihe von Fallbeispielen, die veranschaulichen, wie Heilung durch Vergebung eintritt. Ich habe Fälle mit positivem Ausgang ausgewählt, um aufzuzeigen, was möglich ist, wenn Klient und Heiler sich verbinden.

Natürlich hat es auch viele Fälle gegeben, in denen in der Heilungssitzung wenig oder keinerlei Fortschritt erzielt wurde. Den Widerstand unseres Ego gegen die Heilung sowie das Thema des geheilten und des ungeheilten Heilers werde ich in späteren Kapiteln behandeln. Es wurde mir zusehends klarer, daß nur der Geist geheilt zu werden braucht, nicht der Körper. Wenn der Geist Frieden durch die Vergebung erlangt, folgt Heilung darauf. Im 5. Kapitel will ich ausführlicher darauf eingehen, was ich unter Vergebung verstehe. Auch wenn die körperlichen Symptome nach Eintreten der Vergebung bestehenbleiben, hat die Heilung stattgefunden, wenn sich Seelenfrieden einstellt. Als ich an meine Anfänge mit dem Handauflegen zurückdachte, fragte ich mich, was dabei eigentlich genau geschah. Im Kurs las ich folgendes:

Es sind nicht ihre Hände, die heilen. Es ist nicht ihre Stimme, die das WORT GOTTES spricht. Sie geben nur, was ihnen gegeben wurde.

H-5.III.2:8-10

und, wie bereits erwähnt:

Falsche Heilung kann fürwahr eine Form von Krankheit und von Schmerz entfernen. Doch die Ursache bleibt, und sie wird der Wirkungen nicht ermangeln.

L-3.II.1:4-5

Ich wußte nun, daß die Verwendung meiner Hände nur eine Form und eine Hilfe für mich war, mich mit meinem Klienten zu verbinden. Sich mit einem anderen zu verbinden bedeutet, das Ego-Denksystem der Trennung aufzuheben und die LIEBE GOTTES wieder in unser Bewußtsein einkehren zu lassen. Diese Liebe hebt die Schuld im Geist des Klienten auf und bewirkt Heilung. Meine Funktion als Heiler bestand also darin, jegliches Urteil über meinen Klienten und jede Kritik an ihm aufzugeben. Das schafft den nötigen Raum, damit die heilende LIEBE GOTTES sich von meinem zum Geist des Klienten ausdehnen kann. In dieser Liebe und in diesem Licht kann der Klient »anderen Geistes werden«, also sich anders besinnen und Vergangenes vergeben. Im 7. Kapitel führe ich das Thema der Heilung anderer noch weiter aus.

Meine Aufgabe in einer Heilungssitzung besteht also darin, friedlich, zentriert und urteilslos zu sein und jegliches Interesse an einem bestimmten Ergebnis aufzugeben. Über die Jahre ist mir die darin liegende Macht ein paarmal bei einigen unbeabsichtigten Heilungen vor Augen geführt worden. Eines Tages litt eine Freundin an Schmerzen in den Knien. Diese hatten sich ein paar Tage zuvor beim Fernsehen eingestellt. Das Gesehene hatte ihr angst gemacht, und als sie aufstand, schmerzten ihre beiden Knie. Sie traf mich im Flur und bat mich um eine Heilungssitzung. Intuitiv hatte ich das Gefühl, daß ich sie sofort behandeln sollte. Ich wandte mich ihr zu, legte ihr die Hand auf die Schulter und sagte, wenn ihr das recht sei, könnten wir gleich jetzt damit beginnen. Sie schaute mich an und sagte: »Du brauchst nichts mehr zu tun – eben ist der Schmerz in beiden Knien vergangen!«

Ich hatte nicht die Absicht gehabt, gleich an Ort und Stelle zu heilen, und wurde neugierig, was wohl geschehen sein mochte. Als ich diesen Fall und andere Spontanheilungen überdachte, erinnerte ich mich, daß ich selbst friedlich, froh und voller Akzeptanz gewesen war. Wenn wir eine Zeitlang unser Ego beiseite lassen können, gibt es keine Schranke mehr vor der LIEBE GOTTES in unserem Geist. Dann fließt die heilende LIEBE GOTTES spontan dem Geist des anderen zu und ermöglicht es ihm, die auf ihm lastende Schuld mit anderen Augen zu betrachten. In einem frohen und akzeptierenden Geisteszustand vermitteln wir ihm eine andere Botschaft über sich selbst, als es das Ego tut. Wir beweisen damit, daß er nicht der sündige und schuldige Mensch ist, der er zu sein glaubt, und gestatten ihm dadurch, sich selbst anders zu sehen. Dieser Wechsel der Wahrnehmung, das Wunder, erlaubt es ihm, sich selbst zu vergeben und seine Schuld mitsamt deren körperlichen Symptomen aufzulösen.

»... Krankheit [ist] vom Geist und [hat] mit dem Körper nichts zu tun.«

H-5.II.3:2

Alle, die je um Heilung zu mir gekommen sind, haben etwas dagegen, geheilt zu werden, und das muß auch so sein. Ein Teil ihres Geistes enthält die Entscheidung, überhaupt erst einmal krank zu werden. Wir glauben, wir würden durch die Krankheit etwas gewinnen und wollen diesen Krankheitsgewinn nicht dadurch verlieren, daß wir gesund werden. Daher besteht gewöhnlich – wenn auch unbewußt – eine starke Ambivalenz der Heilungssitzung und dem Heiler gegenüber. In der Schrift über die *Psychotherapie* wird das sehr deutlich:

Der Therapeut wird als derjenige angesehen, der das höchste Gut des Patienten angreift: sein Bild seiner selbst. Und da dieses Bild zur Sicherheit des Patienten geworden ist, wie er sie wahrnimmt, kann der Therapeut nur als echte Quelle der Gefahr angesehen werden, als einer, der angegriffen und sogar getötet werden muß.
Der Psychotherapeut hat demnach eine gewaltige Verantwortung. Er muß dem Angriff ohne Angriff begegnen und daher ohne Abwehr. Es ist seine Aufgabe aufzuzeigen, daß Abwehrmechanismen nicht notwendig sind und Wehrlosigkeit Stärke ist.

P-2.IV.9:5-6; 10:1-3

33

David nahm an einem zweiwöchigen Workshop teil, den ich in Findhorn leitete. In der ersten Woche wurde er sich seines Selbsthasses bewußt. Er spürte, wie der Haß sich in seinem Sonnengeflecht »breitgemacht« hatte und daß er im sexuellen Mißbrauch durch seinen Onkel wurzelte, den er als Zehnjähriger erlebt hatte. Erst im Rahmen des Workshops wurde ihm klar, daß er nach diesem Mißbrauch Schuld- und Schamgefühle über das Vorgefallene unterdrückt hatte. Daß ihm dies nun bewußt wurde, verursachte ihm großes Unbehagen, und am Ende der ersten Woche bekam er Asthma und eine Entzündung im Brustraum. David schämte sich seiner Erinnerungen, wollte mit niemandem darüber sprechen und erwog, den Workshop abzubrechen. Er ging zum ortsansässigen Arzt und bekam Antibiotika verschrieben.

Zu Beginn der zweiten Workshopwoche bat mich David um eine persönliche Heilungssitzung. Nach einer Entspannungsübung und nachdem ich ihm eine Weile die Hände aufgelegt hatte, wollte ich versuchen, ihn dazu zu bewegen, dem Haß, den er in seinem Sonnengeflecht spürte, nachzugehen und ihn anzunehmen. Im Kurs heißt es: »Es ist von Vorteil, Alpträume bewußtzumachen, aber nur um zu lehren, daß sie nicht wirklich sind und daß alles, was sie enthalten, bedeutungslos ist« (T-9.V.3:1). Wenn David seine Alpträume des Selbsthasses und der Schuld aufdecken konnte, ohne sie zu beurteilen, würde er sich hinsichtlich seiner scheinbaren »Sünden« aus der Vergangenheit anders besinnen können. Meine eigene Akzeptanz und Urteilslosigkeit, die ich ihm gegenüber empfand, als ich ihn sachte auf seine Reise geleitete, würden ihm ebenfalls dabei helfen.

Ich forderte ihn auf, der Empfindung in seinem Sonnengeflecht nachzugehen, damit er die Verdrängung – die der Kurs »Verleugnung« nennt – rückgängig machen konnte. Frühere Erfahrungen hatten mich gelehrt, daß wichtige Botschaften an

der schmerzenden Stelle eingekapselt sind. Ich forderte ihn
auf, mir zu beschreiben, wie weit seine Beschwerden sich aus-
dehnten, welche Form und Tiefe sie hatten, von welcher Farbe
und Beschaffenheit sie waren und ob sie sich wärmer oder käl-
ter als der Rest seines Körpers anfühlten. Da man unmöglich
gleichzeitig den Schmerz ausloten und Widerstand leisten
kann, ermutigte ich David auf diese Weise, seine Verleugnung
sich selbst gegenüber aufzugeben. Wenn Klienten das tun, beschreiben sie die »Kleider des Boten« und gelangen dadurch
oft in tiefere Bereiche ihres Geistes, wo die Alpträume sind.
David fand einen harten roten Ball in seinem Sonnengeflecht. Ich fragte diesen »Boten«, wie er sich fühle, und David
antwortete, er sei wütend. Ihm selbst widerstrebte diese Ent-
deckung zutiefst. Er konnte nicht akzeptieren, daß der Ball in
seinem Körper war, und haßte ihn dafür. Er sagte, er fühle sich
wie ein Fremdkörper an, der angegriffen und hinausgeworfen
werden müsse. Da ich seinen tiefen Groll gegen diesen Kör-
perteil spürte, wandte ich mich nach innen und bat um Hilfe,
was ich sagen oder tun solle. Ich sollte ihn fragen, wozu ihm
dieser harte, rote, wütende Ball all die Jahre gedient habe.
Schließlich hatte er ihn gemacht, und er hielt entschieden daran fest. Es war nicht verwunderlich, daß er starke Einwände
gegen meine Frage hatte und wiederholte, er wolle diesen Ball
nicht in sich haben. Ich spürte, daß ich dieses Thema behutsam
mit ihm zusammen weiterverfolgen sollte, ohne Erwartungen
in Veränderungen seinerseits zu investieren, die ich für nötig
hielt.

Allmählich kam David zu Bewußtsein, welche Aufgabe
dieser Ball des Hasses bei ihm erfüllte. Es wurde ihm klar, daß
er ihn zum Schutz gemacht hatte, aus Angst, Menschen sein
Herz zu öffnen und spontaner zu sein. Er betrachtete sich als
jemanden, der von seinem Verstand und von starren Verhal-
tensmustern kontrolliert wurde. Wenn er seine Investition in

seinen Selbsthaß und seine Schuld fallenließ, befreite er sich für einen liebevolleren und freieren Umgang mit andern. Jetzt konnte er die Gelegenheit dazu ergreifen. Er hörte, wie zwei Stimmen in seinem Geist ihm rieten: das Ego und der HEILIGE GEIST. Sein Ego sagte ihm, es sei sehr gefährlich, die Kontrolle aufzugeben, da er nicht vorhersagen könne, wie sich die anderen verhalten würden, wenn er in seinem Umgang mit ihnen mehr aus dem Herzen als mit dem Kopf vorgehe. Der Teil seines Geistes, in dem der HEILIGE GEIST weilt, riet ihm zum Gegenteil.

Er hatte nichts zu verlieren als die Illusion eines Opfers. Sein neues Verhalten würde ihm neue Energie und Freude bringen. David konnte auch einen unterdrückten Teil in sich spüren, den er den »Witzbold« nannte, und er meinte, es könnte ja auch Spaß machen, diesen Witzbold herauszulassen. Während er mit den beiden Stimmen rang, fragte ich ihn, ob er versuchen könnte, seinen roten Wutball wegzugeben. Ich versicherte ihm, es sei auch in Ordnung, wenn er das nicht könne, aber er habe bei diesem Versuch überhaupt nichts zu verlieren. Ich schlug ihm vor, sich zwei liebevolle, zarte, goldene Hände vorzustellen, die offen ausgestreckt vor ihm darauf warteten, daß er seinen wütenden roten Ball in sie hineinlege. Ich sagte ihm, diese Hände wollten seinen Schmerz zum Geschenk und nicht seine Liebe. Die Hände seien nur daran interessiert, »die Blockaden zu entfernen, die [ihn] daran hindern, [sich] der Gegenwart der Liebe ... bewußt zu sein« (T-Einl.1:7). David beschloß, seinen Schmerz wegzugeben und in diese Hände zu legen. Als er das tat, fing er gleichzeitig zu weinen und zu lachen an. Eine Leichtigkeit überkam ihn, und eine Flut von Energie durchströmte ihn mit einer solchen Kraft, daß er nach der Sitzung in den nahen Wald lief und dort buchstäblich herumsprang. Er hatte eigentlich den Workshop abbrechen wollen, aber jetzt war er froh, bis zum Ende dabeibleiben zu können.

Im Kurs werden eine ganze Reihe von Gründen aufgeführt, aus denen wir uns entscheiden, krank zu werden, und wir werden diese im 4. Kapitel betrachten. Gewöhnlich sind wir uns unserer Entscheidung gar nicht bewußt, weil unser Ego unverzüglich leugnet, sie getroffen zu haben. Daher sieht es so aus, als seien wir unschuldige Opfer von Umständen, die sich unserer Kontrolle entziehen. Wir sagen, unser Körper sei krank, und deshalb brauche unser Körper Heilung; nur vergessen wir dabei, daß die Ursache der Krankheit auf der geistigen Ebene zu suchen ist.

Ein jeder scheint in dieser Welt seine eigenen besonderen Probleme zu haben. Dabei sind alle gleich und müssen als ein Problem begriffen werden, wenn die eine Lösung, die sie alle löst, angenommen werden soll ... Die Versuchung, Probleme als zahlreich anzusehen, ist die Versuchung, das Problem der Trennung [von GOTT] ungelöst zu lassen ... Könntest du erkennen, daß Trennung dein einziges Problem ist, gleichgültig, welche Form sie annimmt, dann könntest du die Antwort akzeptieren, denn du würdest sehen, daß sie zutrifft.

Ein Kurs in Wundern
Ü-I.79.2:1-2, 4:1, 6:2

2

Ein Problem, eine Lösung

In diesem Kapitel fasse ich einige der Lehren von *Ein Kurs in Wundern* zusammen, die sich mit dem Wesen der Wirklichkeit befassen. Diese Lehren sind grundlegend wichtig zum Verständnis dessen, daß alles, was wir erleben, geistigen Ursprungs ist. Wir leben in einem geistigen und nicht in einem physischen Universum, und alles sind Gedanken. Durch Sinnes- oder Geisteswandel können wir unsere Art, die Welt, den Körper, Krankheit, Schmerz und Leid zu sehen, verändern und einen Zustand des inneren Friedens und der Freude erlangen.

Die folgenden Gedanken erscheinen vielleicht ziemlich seltsam und sogar erschreckend. Es ist jedoch wichtig, diese Grundsätze zu begreifen, um zu verstehen, woher Krankheiten kommen. Ich hatte große Schwierigkeiten, als ich mich zum erstenmal mit der Metaphysik des Kurses befaßte. Ich folgte sogar dem Rat meines Ego und leugnete, daß der Kurs irgendwelche metaphysischen Lehren enthielt, obwohl ich sie sechs Jahre lang immer wieder gelesen hatte!

Erst als Ken und Gloria Wapnick nach Findhorn kamen und ein Seminar dort hielten, schaute ich mir meine Angst auf diesem Gebiet genauer an. An jenem Wochenende fragte mich Ken, wer meiner Meinung nach das physische Universum erschaffen habe. Wie die meisten trug ich das tröstliche Bild eines gütigen Gottvaters in mir, der das Universum erschaffen hatte und sich um alles darin kümmerte, mich eingeschlossen. Als ich mich mit dieser Seite des Kurses befaßte, entstand ein völlig anderes Bild. Es wurde mir klar, daß die Metaphysik des Kurses der Kern seiner Lehre und eine Botschaft der Hoffnung ist. Sie hat mir den Schlüssel zum Verständnis geliefert, wo die Ursache unseres Leidens liegt und wo Heilung eigentlich stattfindet.

Im Kurs heißt es:»Diese Welt, in der du zu leben scheinst, ist nicht dein Zuhause« (Ü-I.182.1:1). Unsere Wirklichkeit ist nicht in dieser Welt der Formen innerhalb der Begrenzungen von Zeit und Raum zu finden. Hier erleben wir Trennung, Grenzen, Unvollkommenheit und Tod. Was GOTT erschaffen hat, ist so wie ER: vollkommen, ewig, grenzenlos, formlos und unveränderbar. Und genau das sind wir in Wirklichkeit; das können wir durch nichts, was wir tun, beeinträchtigen. Wir sind Gedanken im GEISTE GOTTES und in alle Ewigkeit als vollkommen erschaffen:

VATER, ich wurde in DEINEM GEIST erschaffen als ein heiliger GEDANKE, der sein Zuhause nie verlassen hat. Ich bin für immer DEINE WIRKUNG, und DU bist meine URSACHE auf immer und auf ewig. So wie DU mich schufst, bin ich geblieben. Wo DU mich eingesetzt hast, dort weile ich noch immer. Und alle DEINE Eigenschaften weilen in mir, weil es DEIN WILLE ist, einen SOHN zu haben, der seiner URSACHE so ähnlich ist, daß URSACHE und ihre Wirkung nicht zu unterscheiden sind.

Ü-II.326.1:1-5

Unser wahres Zuhause ist der HIMMEL, und unsere wahre Funktion besteht darin, GOTTES Mitschöpfer zu sein. Der HIMMEL ist kein Ort, sondern ein Zustand vollkommener Einheit zwischen GOTT und seiner Schöpfung, dem CHRISTUS oder SOHN GOTTES:

*Der HIMMEL ist weder ein Ort noch ein Zustand. Er ist nur
ein Gewahrsein vollkommenen Einsseins und die Erkenntnis,
daß es sonst nichts gibt ...*

T-18.VI.1:5-6

Der HIMMEL kann nicht mit Worten beschrieben werden, denn
die Sprache gehört zur Welt der Formen. Den HIMMEL kann
man in dieser Welt nur durch die Offenbarung – eine mysti-
sche Erfahrung – erahnen. In unserer Welt lernen wir durch die
Sinne, während es im HIMMEL nichts zu lernen gibt, denn wir
haben bei unserer Erschaffung alles bekommen. Lernen setzt
Zeit voraus, und im HIMMEL gibt es keine Zeit.

Man kann sich wohl fragen, was wir denn in dieser un-
vollkommenen Welt der Formen tun, wenn die abstrakte
Vollkommenheit des HIMMELS unser wahres Zuhause ist.
Auch wenn das eine gute Frage ist, so steckt dahinter doch die
Annahme, wir seien tatsächlich hier, und die Trennung von
GOTT sei ein Fakt. Im Kurs heißt es, wir seien im HIMMEL
eingeschlafen und würden diesen getrennten Zustand nur
träumen:

Du wohnst nicht hier, sondern in der Ewigkeit.
*Du reist nur in Träumen, während du in Sicherheit zu Hau-
se weilst.*

T-13.VII.17.6-7

*Du bist in GOTT zu Hause und träumst von der Verbannung,
bist aber vollkommen in der Lage, zur Wirklichkeit zu erwachen.*

T-10.I.2:1

Wir verbringen also unser ganzes Leben in Träumen. Wenn
wir am Morgen erwachen, träumen wir einfach in einer anderen Form weiter. Unsere Wachträume erscheinen uns sehr
wirklich, und der Kurs verlangt auch nicht von uns, daß wir

verleugnen sollen, was wir glauben. Wenn wir Vergebung üben, können wir jedoch nach und nach unseren Glauben an die Trennung aufheben und langsam aufzuwachen beginnen, bis wir schließlich das Gewahrsein des HIMMELS wiedererlangt haben.

Das Ego ist ein Gedanke, den wir in unserem Geist erfunden haben. Es ist der Gedanke, die Trennung von GOTT sei möglich.

In die Ewigkeit, wo alles eins ist, kam eine winzig kleine Wahnidee geschlichen, und GOTTES SOHN vergaß, über sie zu lachen.

T-27.VIII.6:2

Dieser Gedanke, es könne etwas anderes geben als die vollkommene Einheit des Himmels und wir könnten GOTTES Rolle übernehmen, ist völlig unmöglich. Es ist aber sehr wohl möglich, einen Traum zu träumen, daß es uns gelungen sei, und genau das tun wir. Das Universum ist zum Spielplatz des Ego geworden, wo es vorgeben kann, GOTT zu sein. Unsere wahre Funktion als Mitschöpfer GOTTES ist nun durch die Fehlschöpfungen unseres Ego ersetzt. Das Universum ist nicht physischer Natur, sondern es ist ein Gedanke im Geist des schlafenden SOHNES GOTTES. Und Gedanken kann man ändern!

Die Welt, die du siehst, ist eine Illusion von einer Welt. GOTT hat sie nicht erschaffen, denn das, was ER erschafft, muß so ewig sein wie ER SELBST. Doch gibt es nichts in der Welt, die du siehst, das ewig währen wird. Einige Dinge werden in der Zeit ein wenig länger dauern als andere. Doch die Zeit wird kommen, in der alle sichtbaren Dinge ein Ende haben werden.

B-4.1:1-5

Abbildung 2.1 bietet eine Verständnishilfe für diese Aussage.* Aus Gründen, die wir nicht begreifen können, ist ein Teil des Geistes CHRISTI eingeschlafen und hat geträumt, die Trennung von seinem VATER sei gelungen. Der Geist des SOHNES ist wie ein Filmprojektor, in den ein Film der Trennung eingelegt ist. Diese Gedanken werden zu Bildern, die in die Welt »hinaus«-projiziert und nun als getrennte Dinge wahrgenommen werden. Wir glauben, uns auf dieser Leinwand im physischen Universum zu bewegen. Nicht nur glauben wir, wir hätten unseren Wunsch erfüllt, Schöpfer zu sein wie GOTT, wir glauben auch, daß wir GOTTES Macht gestohlen und seine Funktion übernommen hätten. Jetzt erfüllt das Universum eine doppelte Funktion. Nicht nur »beweist« es, daß wir es geschafft haben, GOTT auszustechen, sondern es dient uns auch als Ort, an den GOTT nicht eintreten kann und der uns daher Zuflucht vor seinem rächenden Zorn bietet.

Der Körper ist ein winzig kleiner Zaun um einen kleinen Teil einer herrlichen und vollständigen Idee. Er zieht einen unendlich kleinen Kreis um ein ganz kleines Segment des HIMMELS, das vom Ganzen abgesplittert ist, und verkündet, daß in ihm dein Reich liegt, in welches GOTT nicht eintreten kann.

T-18.VIII.2:5-6

Das, was ich hier beschrieben habe, ist uns nicht bewußt. Wir können die Erinnerung an das, was wir GOTT angetan zu haben glauben, nicht ertragen. In unserer Arroganz glauben wir, wir hätten den HIMMEL in tausend Stücke zerschmettert und an dessen Stelle eine bessere Alternative geschaffen. Dieser

---

* Die Idee zu Abbildungen 2.1 und 2.2 stammt aus dem Buch *Vom Traum erwachen* von Gloria und Kenneth Wapnick, Greuthof Verlag, 1998. Ich kann es allen zur Vertiefung dieser einleitenden Gedanken sehr ans Herz legen.

Wahrnehmung wird durch Projektion erzeugt
– Wie die Welt gemacht wird –

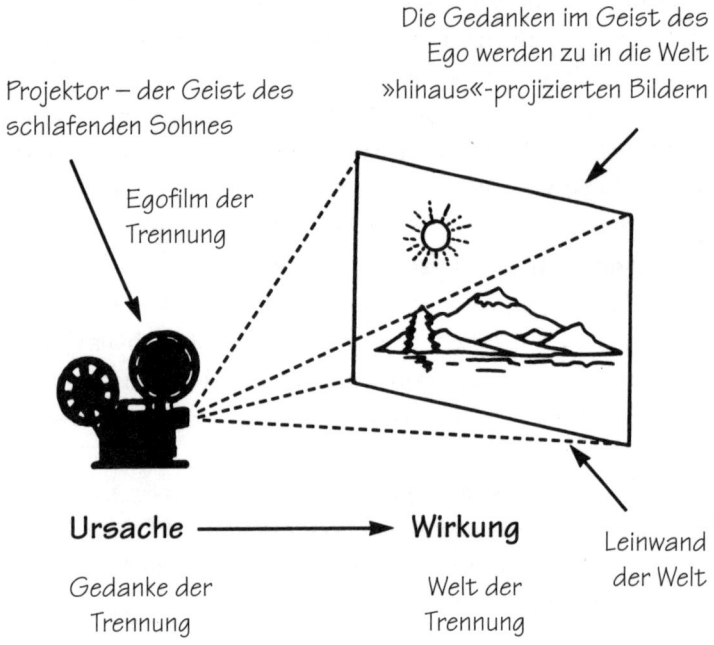

Projektor – der Geist des
schlafenden Sohnes

Die Gedanken im Geist des
Ego werden zu in die Welt
»hinaus«-projizierten Bildern

Egofilm der
Trennung

Ursache ⟶ **Wirkung**   Leinwand
der Welt

Gedanke der   Welt der
Trennung   Trennung

Abb. 2.1

»Das, was ich sehe, spiegelt einen Prozeß in meinem Geist, der
mit meiner Idee dessen beginnt, was ich will. Von da aus macht
sich der Geist ein Bild des Dinges, nach dem er verlangt, das er
als wertvoll beurteilt und daher zu finden sucht. Diese Bilder
werden dann nach außen projiziert, betrachtet, als wirklich ein-
geschätzt und als Eigentum bewacht. Von wahnsinnigen Wünschen kommt eine wahnsinnige Welt. Vom Urteil kommt eine
verurteilte Welt.«   Ü-II.325.1:1-5

wahnsinnige Glaube führt zu einem tiefsitzenden Gefühl einer Missetat, die im Kurs Sünde genannt wird, und dieses Gefühl haben wir verleugnet und tief in unser Unbewußtes versenkt. Etwas zu verleugnen hindert es jedoch nicht daran, Macht über uns auszuüben. Dieses Gefühl der Sünde erzeugt Schuld in uns und Angst vor einer gerechten Strafe für unser Vergehen. Der Kurs stellt fest, daß dies der Ursprung unserer Minderwertigkeitsgefühle, unseres Selbsthasses, des Mangels an Selbstwertgefühl und unserer körperlichen Krankheiten ist. Jedes Problem, das wir zu haben glauben, sei es körperlich oder seelisch, ist auf ein einziges Problem zurückzuführen: den Glauben, wir hätten uns von unserem Schöpfer getrennt.

Es wäre unmöglich, ohne die Anwesenheit des HEILIGEN GEISTES in unserem Geist aus diesem überzeugenden Traum aufzuwachen. Als wir im HIMMEL einschliefen, entsandte GOTT den HEILIGEN GEIST als Berichtigung unseres Traumes in unseren Geist. Der Kurs nennt diesen Berichtigungsplan die »Sühne«; sie ist dazu da, unseren Glauben an den Ego-Gedanken der Trennung aufzuheben. Der HEILIGE GEIST wird im Kurs mit verschiedenen Namen wie STIMME FÜR GOTT, LEHRER, TRÖSTER, FÜHRER und MITTLER benannt. Seine strahlende Gegenwart in unserem Geist kann alle unsere Ego-Träume der Dunkelheit aufheben, wenn wir uns nur um Hilfe an IHN wenden. Dank der Anwesenheit des HEILIGEN GEISTES in einem Teil unseres Geistes können wir unser wirkliches Zuhause nicht ganz vergessen.

Horch! Vielleicht erhaschst du den Hauch eines Urzustands, den du nicht ganz vergessen hast – undeutlich vielleicht und doch nicht gänzlich unbekannt, wie ein Lied, dessen Namen du längst vergessen hast und ebenso die Umstände, unter denen du es vernahmst. Nicht das vollständige Lied ist bei dir geblieben, nein, nur der kleinste Fetzen einer Melodie, weder

*mit einem Menschen noch einem Ort oder sonst etwas Be-
stimmtem verknüpft. Und dieser kleine Fetzen nur erinnert
dich daran, wie lieblich dieses Lied war, wie herrlich die Umgebung, wo du es gehört hast, und wie sehr du jene liebtest,
die da waren und es mit dir hörten.*

T-21.I.6

Als der Gedanke der Trennung ernst genommen wurde,
schien die EINSGESINNTHEIT CHRISTI sich in drei Teile aufzu-
spalten: das Ego, den HEILIGEN GEIST und den Entscheider oder
schlafenden SOHN GOTTES. Abbildung 2.2 veranschaulicht die
Trennung von GOTT und die Aufspaltung unseres Geistes.

Der Begriff »Entscheider« stammt von Kenneth Wapnick.
Auch wenn er im Kurs nicht verwendet wird, ist er doch das
ganze Buch hindurch implizit gemeint. Jeden Augenblick des
Tages trifft der Entscheider die Wahl, entweder auf die Stimme des Ego oder die Stimme des HEILIGEN GEISTES zu hören.
Das Ego sagt uns, die Trennung habe stattgefunden, die Welt
sei wirklich und der Körper unser Zuhause und wir müßten
uns nun verteidigen und angreifen, um unsere Bedürfnisse befriedigt zu bekommen. Der HEILIGE GEIST hingegen sagt uns,
daß diese Welt nicht wirklich und der HIMMEL unser Zuhause
ist, daß wir in Wirklichkeit formloser Geist sind und die Welt
nur eine Schule ist, in der wir unsere Lektionen der Vergebung
lernen und aus unserem Alptraum erwachen können.

*Das Ego hat die Welt gemacht, wie es sie wahrnimmt, der HEI-
LIGE GEIST aber, DER neu deutet, was das Ego machte, sieht die
Welt als Lehreinrichtung, um dich heimzubringen.*

T-5.III.11:1

Dieses Kapitel war eine Einführung in die Metaphysik des
Kurses. Sie ist die notwendige Grundlage für die Betrachtung
der Ego-Welt der Sünde, Schuld und Angst und der körperlichen Krankheiten, die durch diesen Geisteszustand erzeugt

Wahrheit und Illusion

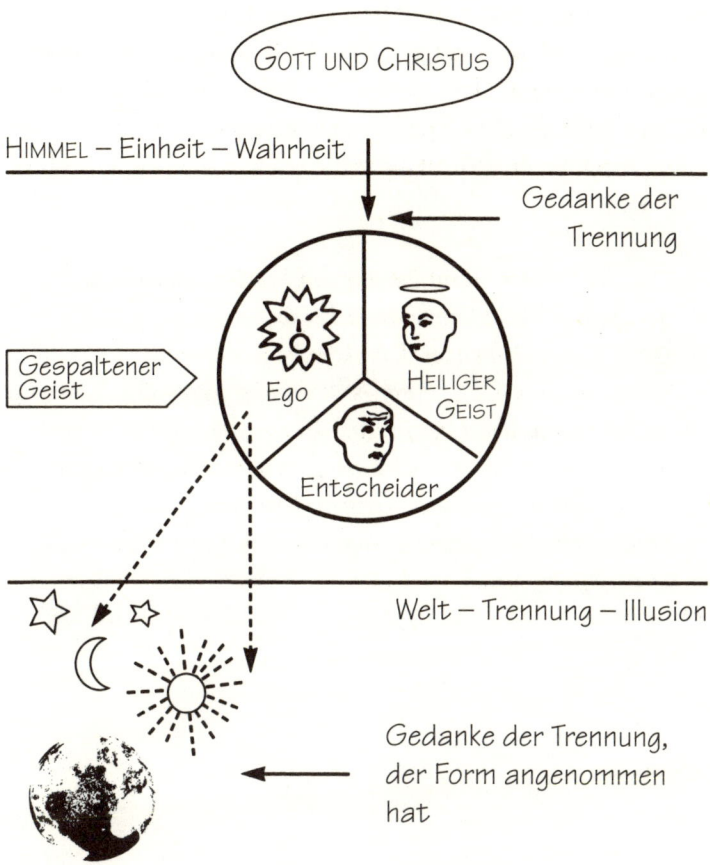

Abb. 2.2

werden. Wenn wir mit der Zeit zulassen, daß die Liebe des HEILIGEN GEISTES das Ego-Denksystem aufhebt, wachen wir allmählich aus unserem Traum der Trennung von GOTT auf. Der Frieden GOTTES kehrt langsam wieder in unseren Geist ein, und wir verwenden unseren Körper als Werkzeug für eine liebevolle Kommunikation. Wenn wir nicht mehr glauben, daß wir sündige Wesen sind, wird der Körper automatisch wieder gesund und vital. Dann sehen wir ihn einfach als Lernmittel für den Geist an, ohne Wert an sich. Wenn wir alle unsere Vergebungslektionen gelernt haben, legen wir den Körper frohgemut ab.

O meine Brüder, wenn ihr nur den Frieden kennen würdet, der euch einhüllen und euch sicher und rein und lieblich im GEIST GOTTES halten wird, ihr könntet nur hineilen, IHM dort zu begegnen, wo SEIN Altar ist. Geheiligt werde dein Name und der SEINE, denn sie sind hier an diesem heiligen Ort verbunden. Hier beugt ER sich hinab, um dich zu IHM emporzuheben – hinaus aus Illusionen in die Heiligkeit; hinaus aus der Welt und in die Ewigkeit; hinaus aus aller Angst und der Liebe zurückgegeben.

B-4.8.1-3

Die Wahrnehmung ist ein Spiegel, keine Tatsache. Und das, worauf ich schaue, ist mein Geisteszustand, der sich außen spiegelt ... Alles, was du wahrnimmst, ist Zeuge für das Denksystem, das du wahrhaben willst ... Was du projizierst, das weist du zurück, und daher glaubst du auch nicht, daß es dein ist.

Ein Kurs in Wundern
Ü-II.304.1:3-4; T-11.V.18:3; T-6.II.2:1

3

Die Ego-Welt der
Verleugnung und Projektion

Beim Schreiben sowohl dieses als auch zum Teil des 4. Kapitels hat mir das herausragende Kursverständnis Kenneth Wapnicks außerordentlich geholfen. Insbesondere habe ich in diesen beiden Kapiteln einige Ideen und Modelle, die er in *Die Vergebung und Jesus** vorgestellt hat, zur näheren Erläuterung bestimmter Begriffe übernommen.

Sie meinen, Sie seien heute früh aufgewacht. Die Träume der vergangenen Nacht sind verblaßt, und die »Realität« eines neuen Tages hat begonnen. Aber hat sie das wirklich? Wir haben im letzten Kapitel gesehen, daß kein Zustand außerhalb des HIMMELS wirklich ist. Im Kurs heißt es dazu:

Es gibt kein Leben außerhalb des HIMMELS. Wo GOTT das Leben schuf, da muß das Leben sein. In jedem Zustand, der getrennt vom HIMMEL ist, ist Leben eine Illusion.
T-23.II.19:1-3

Das wird in Abbildung 3.1 deutlich, in der wieder ein Kino als Analogie dient.

---

*   Greuthof Verlag, 1997.

Die Traumwelt des Ego

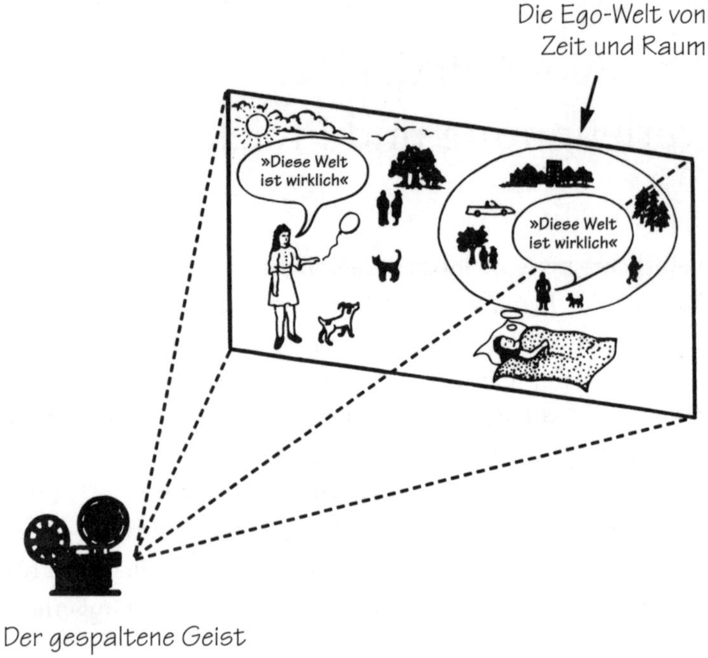

Die Ego-Welt von
Zeit und Raum

»Diese Welt
ist wirklich«

»Diese Welt
ist wirklich«

Der gespaltene Geist

Abb. 3.1

>»Du verbringst deine gesamte Zeit mit Träumen. Deine Schlaf-
und deine Wachträume haben verschiedene Formen, das ist
alles. Ihr Inhalt ist derselbe.«   T-18.II.5:12-14

Der Entscheider hat beschlossen, auf das Ego statt auf den HEILIGEN GEIST zu hören. Der Entscheider hat dem Ego-Gedanken – daß die Trennung wirklich sei – Glauben geschenkt und ihn durch die »Linse« des Geistes als Bild auf die Welt projiziert. In dieser Analogie ist unsere Welt die Leinwand. Wenn wir einschlafen und träumen, erscheinen uns die Ereignisse und Menschen darin sehr wirklich. Wir essen Traumessen, fahren in Traumautos und unterhalten uns mit Traummenschen. Unser Körper wird krank und stirbt sogar. Andere versuchen möglicherweise, uns zu schaden, und vielleicht tauchen Ungeheuer auf, um uns zu erschrecken. Aber wenn wir aufwachen, sind unsere Ängste verflogen, denn wir begreifen, daß alles nur ein Traum war.

Wenn wir aus unseren Nachtträumen erwachen, haben wir immer noch den Wunsch, von GOTT getrennt zu sein. Unsere Treue dem Ego-Denksystem gegenüber ist unverändert, und somit erfinden wir einen zweiten Traum, der nicht wirklicher ist als der erste. In diesem »Wachtraum« verhalten wir uns weiterhin genauso wie in unserem Schlaftraum. Wir glauben, Umstände »in der Außenwelt« würden uns beeinflussen. Bestimmte Menschen und Ereignisse machen uns glücklich und gesund, während andere Menschen und Umstände uns unglücklich und krank machen. Wir scheinen aus Ursachen hervorgegangen zu sein, die ihren Ursprung in der Welt haben. Das tiefverwurzelte Gefühl, wir seien Opfer von Ereignissen, die sich unserer Kontrolle entziehen, geht auf diesen Gedanken zurück.

Solange wir glauben, daß die Ursache unseres Glücks oder Schmerzes außerhalb unseres Geistes in einer wirklichen Welt liegt, werden wir den Frieden und die Freude, auf die dieser Kurs abzielt, nie kennenlernen. Diese illusionäre Welt ist derart überzeugend, daß wir ohne die Hilfe des HEILIGEN GEISTES niemals aufwachen würden. Wenn wir es IHM erlauben, verwandelt der HEILIGE GEIST den Zweck dieser Welt von einem

Zweck der Trennung zu einer Schule, in der wir Vergebung lernen und aus dem Traum zur freudigen Wirklichkeit dessen erwachen können, wer wir in Wirklichkeit sind. Diese Welt kann also zu einem Zweck verwendet werden, der dem ursprünglichen völlig entgegengesetzt ist, und damit wird sie von einem Ort der Verzweiflung in einen Ort der Hoffnung und der Sinnerfülltheit verwandelt.

Meine Erlösung kommt von mir ... Der scheinbare Preis dafür, daß du den heutigen Gedanken akzeptierst, ist dieser: Er bedeutet, daß nichts außerhalb von dir dich erlösen kann und nichts außerhalb von dir dir Frieden bringen kann. Er bedeutet aber auch, daß nichts außerhalb von dir dich verletzen oder deinen Frieden stören oder dich in irgendeiner Weise aufregen kann.

Ü-I.70.Titel; 2:1-2

Im Kurs erfahren wir, daß nichts in der illusionären Welt des Ego die Macht hat, uns zu berühren, es sei denn, wir entscheiden uns dazu. Offensichtlich glauben die meisten unter uns, Opfer der Welt zu sein. Wir sagen uns, wir könnten schon glücklich sein, wenn die Umstände nur anders wären. Wenn wir eine bessere Ausbildung gehabt hätten, unsere Eltern liebevoller gewesen oder wir als Kind nicht mißbraucht worden wären, wenn das Wetter oder die Regierung oder das Essen besser wären, wären wir glücklich. Wir glauben, wir würden das Glück finden, das uns immer entglitten ist, wenn wir nur die Welt verändern könnten.

Des Ego Heilsplan dreht sich darum, Groll zu hegen. Es behauptet, daß du erlöst wärst, wenn jemand anderer anders reden oder handeln würde, wenn irgendein äußerer Umstand oder ein äußeres Ereignis verändert würde. Somit wird die Quelle der Erlösung ständig als außerhalb von dir wahrge-

nommen. Jeder Groll, den du hegst, ist eine Erklärung und eine Behauptung, an die du glaubst, die besagt: »Wäre dies anders, so wäre ich erlöst.« *Der für die Erlösung notwendige Geisteswandel wird somit von allem und von jedem außer von dir selbst gefordert.*

Ü-I.71.2

Die Verleugnung

Wenn wir dem Ego-Denksystem weiterhin treu bleiben wollen, dürfen wir niemals hinterfragen, worin unser Leiden eigentlich wurzelt, nämlich in unserem getrennten Geist statt in der Welt. Die Gedanken unseres Ego errichten einen Schutzwall gegen die Liebe des HEILIGEN GEISTES. Unsere ständige Selbstverurteilung sowie unsere Verurteilung anderer erhalten diese Schranke gegen das erhellende Licht GOTTES aufrecht. Abbildung 3.2 entspricht einem Bild, das meine Frau Salice in der Meditation vor sich sah und in dem die obige Aussage sehr schön zum Ausdruck kommt.

Wenn wir Frieden finden wollen, müssen wir die Ansicht des Ego hinsichtlich des Ursprungs unseres körperlichen und seelischen Leidens in Frage stellen. Wir haben das Ego-Denksystem erfunden, um der Schöpfung GOTTES den Kampf anzusagen. Das Ego ist aus Wettstreit und Haß hervorgegangen, und daher sind das seine Grundzüge. Es will außerdem überleben und ist seinem Erzeuger, dem schlafenden SOHN GOTTES, nicht in Liebe zugetan:

Du liebst nicht, was du gemacht hast, und was du gemacht hast, liebt dich nicht. Da es aus der Verleugnung des VATERS gemacht ist, ist das Ego seinem Macher nicht in Treue zugetan.

T-4.III.4:2-3

»Der HEILIGE GEIST ist das Strahlen, dem du
erlauben mußt, die Idee der Dunkelheit zu
verbannen« T-5.II.4:2

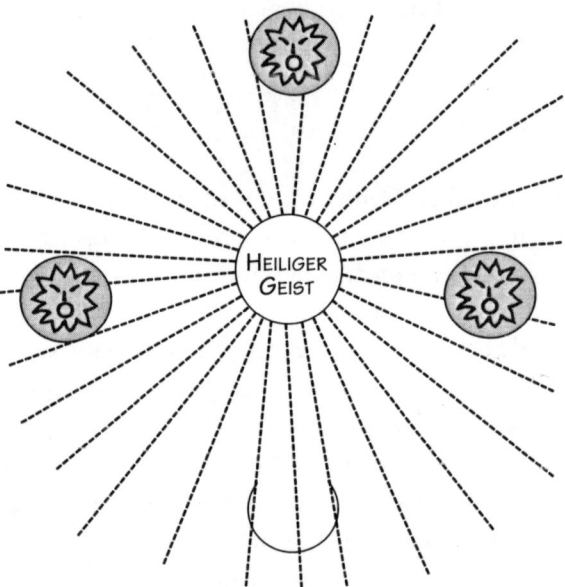

Die Vergebung läßt GOTTES Licht die Dunkelheit
zerstreuen

Abb. 3.2

»Das Ego macht Illusionen. Die Wahrheit hebt seine bösen
Träume auf, indem sie sie wegleuchtet. Die Wahrheit greift nie
an. Sie ist einfach. Und durch ihre Gegenwart wird der Geist
aus Phantasien zurückgerufen und erwacht zum Wirklichen.
Die Vergebung bittet diese Gegenwart, einzutreten und ihren
angestammten Platz im Geiste einzunehmen. Ohne Vergebung
liegt der Geist in Ketten und glaubt an seine eigene Vergeb-
lichkeit. Mit der Vergebung jedoch leuchtet das Licht durch
den Traum der Dunkelheit, schenkt ihm Hoffnung und gibt
ihm die Mittel, sich über die Freiheit klarzuwerden, die sein Er-
be ist.« Ü-II.332.1

In seinem Autonomiewunsch und seinem Verlangen, den Platz GOTTES einzunehmen, verwendet das Ego die beiden wirksamen Mechanismen der Verleugnung und der Projektion, damit wir weiterhin an es glauben. Diese Abwehrmechanismen des Ego halten unsere – des Entscheiders – Aufmerksamkeit auf die Welt gerichtet. Die Illusion ist so stark, daß wir uns ohne weiteres in unserem Opfersein gerechtfertigt fühlen. Im Kurs werden wir ermahnt:»Hüte dich vor der Versuchung, dich als ungerecht behandelt wahrzunehmen« (T-26.X.4:1). Als wir im HIMMEL einschliefen und träumten, wir hätten diese Welt erfunden, haben wir auch einen »Schleier des Vergessens« über unsere Entscheidung fallenlassen. Wir haben vor uns selbst geleugnet, dies getan zu haben, weil wir die Erinnerung an unsere scheinbare Sünde gegen GOTT und den daraus hervorgehenden Selbsthaß nicht aushielten. Diese tief im Unbewußten vergrabene Sünde gegen GOTT macht sich als Gefühl der Minderwertigkeit, der Unterlegenheit (oder deren Kompensation, der Überlegenheit), als Mangel an Selbstwertgefühl, als Selbsthaß und Selbstverachtung bemerkbar.

Im Kurs wird dies alles mit dem Wort»Schuld« bezeichnet. Wir fühlen uns offenbar nie gut genug, egal wie erfolgreich wir in den Augen der Welt zu sein scheinen. Wir glauben, wir verdienten es nicht, daß uns Gutes widerfährt, und müßten hart arbeiten, bevor wir uns eine kleine Freude gönnen können. Eigentlich glauben wir im Innersten, wir verdienten tatsächlich Strafe für das, was wir GOTT angetan haben.»Schuld erfordert Strafe« ist ein psychologisches Gesetz. Das wurde mir zu einer Zeit meines Lebens plastisch vor Augen geführt, als ich Krishnamurti lehren hörte. Übrigens enthält seine Lehre viele Parallelen zum Kurs, besonders was das Denken angeht. Er lehrt, daß unser Ego-Denken das Gewahrsein dessen verhindert, wer wir in Wirklichkeit sind.

Ich hatte zwölf Jahre lang Krishnamurtis Vorträge in England und in der Schweiz besucht, aber noch nie mit ihm selbst gesprochen. Es war sehr schwierig, einen persönlichen Gesprächstermin mit ihm zu bekommen, und ich hatte nie daran gedacht, es zu versuchen. Eines Tages ging ich nach einem seiner Vorträge zum Essenszelt und bediente mich. Ich ging einige Schritte im Zelt weiter, als ich plötzlich Krishnamurti nur wenige Meter von mir entfernt dasitzen sah. Er saß still auf einem Stuhl und aß. Ich hatte in dem Augenblick nicht an ihn gedacht und war überrascht. Er schaute mich aufmerksam an, ohne daß sich sein eher ernster Gesichtsausdruck veränderte. Als ich ihn ansah, fühlte ich plötzlich Liebe und Anerkennung zu diesem Mann in mir aufwallen, aber ich rührte mich nicht und sagte auch nichts zu ihm. Da veränderte sich sein Gesicht urplötzlich, und ein wunderschönes Lächeln ließ es aufleuchten. Seine Augen füllten sich mit Liebe, er schob seinen Teller weg, stand auf, öffnete die Arme und kam auf mich zu. Das war die Verwirklichung meiner Träume. Ich sollte dem Mann begegnen, den ich auf der Welt am meisten bewunderte. Und was tat ich? Ich drehte mich um und ging schnell davon. Ich konnte diese Liebe nicht annehmen. Ich glaubte, ich hätte sie nicht verdient und sie würde mich überwältigen.

Als ich am Zeltrand angekommen war, warf ich einen verstohlenen Blick zurück. Er sprach mit jemand anderem, und ich wußte, daß es keinen Sinn hatte, nochmals ein Gespräch mit ihm zu suchen. Jetzt bitte ich darum, die Liebe Jesu zu erfahren, aber bin ich bereit dafür? Offensichtlich nicht, sonst hätte ich sie akzeptiert. Wir haben immer das, was wir haben wollen, und meistens sind das Sünde, Schuld und Angst. Ich ziehe immer noch mein Ego Jesus vor, aber ich bin mir auch bewußt, daß die Tage meiner Treue dem Ego gegenüber gezählt sind. Ich will, wie alle anderen, nach Hause gehen, und wieviel

Zeit wir brauchen, bis wir dahin gelangen, das hängt von unserer persönlichen Entscheidung ab.

Die Leidensfähigkeit mag groß sein, sie ist aber nicht grenzenlos. Schließlich beginnt ein jeder zu begreifen – wie undeutlich auch immer –, daß es einen besseren Weg geben muß. Sowie diese Einsicht mehr Boden gewinnt, wird sie zu einem Wendepunkt.

T-2.III.3:5-7

Als wir uns von GOTT trennten, hätte uns der HEILIGE GEIST, wenn wir in unserem gespaltenen Geist um SEINE Führung gebeten hätten, geraten, über das Ego und seine wahnsinnigen Gedanken der Trennung und der Autonomie nur still zu lächeln. Aber unsere Treue dem Ego gegenüber und unser Glauben an es waren bereits zu stark. Was das Ego uns sagte, jagte uns Angst vor dem HEILIGEN GEIST ein: Kam ER denn nicht von GOTT, und was hatten wir doch dem Reich GOTTES angetan! Wir hatten die Einheit des Himmels zerstört, GOTTES Schöpferkraft gestohlen und uns davongemacht. In unserer Verrücktheit glaubten wir nun, GOTT sei zornig, wolle sich rächen und verlange Opfer von uns.

Von daher stammen alle Bibelstellen, die einen rächenden und zornigen Vater beschreiben, der es auf unser Leben abgesehen hat. Kein Wunder, daß wir vor dem HEILIGEN GEIST in unserem Geist Angst bekamen. Er war ein Abgesandter GOTTES, und man durfte ihm nicht über den Weg trauen. In unserem Entsetzen und unserer Angst vor GOTTES gerechter Strafe konnten wir uns nur noch an das Ego wenden und um seine Hilfe bitten. Die Antwort des Ego lautete wie immer, unsere Schuld zu verleugnen und sie auf eine nichtexistente Welt zu projizieren. Das Ego hat ein illusionäres Problem (die Trennung von GOTT) ersonnen und rät uns jetzt unablässig, es durch Verleugnung und Projektion zu lösen. Unsere pausen-

lose Geschäftigkeit und die Wichtigkeit, die wir den Einzel-
heiten der Ego-Welt der Formen beimessen, lassen eine dichte
Nebelwand vor der Gegenwart des HEILIGEN GEISTES in unserem Geist erstehen und sichern damit das Überleben des Ego.
Unsere allererste Tat war, zu verleugnen, daß wir diesen
»Kampf gegen GOTT« überhaupt je führten. Im Kurs wird dieses erste Verleugnen wie folgt beschrieben:

> *Vergiß den Kampf. Akzeptiere ihn als Tatsache, und vergiß*
> *ihn dann. Erinnere dich nicht an die unmögliche Übermacht,*
> *die gegen dich ist. Erinnere dich nicht an die Unermeßlichkeit*
> *des »Feindes«, und denke nicht an deine Gebrechlichkeit im*
> *Vergleich dazu. Akzeptiere deine Trennung, aber erinnere*
> *dich nicht daran, wie sie entstand. Glaube, daß du den Kampf*
> *gewonnen hast, aber behalte nicht die geringste Erinnerung*
> *daran zurück, wer dein großer »Gegner« wirklich ist.*

H-17.6:5-10

Diese Verleugnung ist so wirksam, daß wir glauben, wir hätten nichts mit dieser Welt zu tun, in die wir geboren werden.
Wir sind für das, was wir hier vorfinden, nicht verantwortlich
und glauben, unsere Anschuldigungen gegen GOTT seien gerechtfertigt, wenn die Dinge in seiner Schöpfung nicht so glatt
verlaufen. Aber wie wir sahen, ist diese Welt nicht GOTTES
Schöpfung, sondern die Fehlschöpfung des Ego, das sein eigenes Denksystem in jede Einzelheit dieser Welt einfließen läßt.
Da das Ego-Denksystem auf Unterschied, Vergleich, Trennung, Urteil, Angriff, Verteidigung, Mord usw. gründet, muß
sich ebendies in der Welt spiegeln, denn, wie es im Kurs heißt:
»Ideen verlassen ihre Quelle nicht, und ihre Wirkungen sind
nur dem Scheine nach getrennt von ihnen« (T-26.VII.4:7).

Jedes Lebewesen auf diesem Planeten muß morden, um zu
überleben. Wir müssen zum Überleben Pflanzen oder Tiere töten. Im Tierreich wird die gesamte Zeit mit dem Umbringen

anderer Lebensformen verbracht oder damit, sich selbst vor dem Getötetwerden zu schützen. Töten oder getötet werden ist der Kern des Ego-Denksystems, da das Ego glaubt, es habe GOTT getötet und SEINE Macht an sich gerissen. Dieses Denksystem muß wiederum als Bild der Ego-Welt nach außen projiziert werden. Diese Welt ist buchstäblich das Abbild der Gedanken im Geist des Ego. Sie kann gar nichts anderes sein. Wenn sie auf der Filmrolle ist, muß sie auch auf der Leinwand zu sehen sein. Deswegen ist es unnütz, das zu ändern, was auf der Leinwand ist; vielmehr sollten wir das ändern, was auf der Filmrolle ist. Also werden wir im Kurs aufgefordert: »Suche deshalb nicht, die Welt zu ändern, sondern entscheide dich, dein Denken über die Welt zu ändern« (T-21.Einl.1:7).

Wir müssen den Film der Trennung und des Angriffs herausnehmen und ihn durch den Film des HEILIGEN GEISTES von der Verbindung und Vergebung ersetzen. Dann erscheint uns die Welt völlig neu, obschon die Formen noch dieselben sind. Dann sehen wir mit den Augen des HEILIGEN GEISTES und nehmen entweder Menschen wahr, die um Liebe bitten, oder solche, die Liebe ausdehnen und sonst nichts. Das ist das Urteil des HEILIGEN GEISTES, das Jesus in dieser Welt manifestierte. Da er wußte, wer er wirklich war – ein unsterbliches, formloses Kind GOTTES –, brauchte Jesus keine Abwehr, und da er wußte, daß wir ihm gleich sind, brauchte er nicht anzugreifen. Die meisten Menschen sind jedoch weit von dieser Erkenntnis entfernt, und im Kurs werden wir auch ermahnt, unseren Körper und unsere Erfahrungen in dieser Welt nicht zu verleugnen.

Konflikt muß gelöst werden. Er kann nicht umgangen, weggelegt, verleugnet, verkleidet, anderswo gesehen, mit einem anderen Namen benannt oder durch Täuschung irgendeiner Art versteckt werden, wenn ihm entronnen werden soll. Er muß genauso, wie er ist, gesehen werden, dort, wo gedacht

*wird, daß er sei, in jener Wirklichkeit, die ihm gegeben wur-
de, und mit dem Zweck, den ihm der Geist zugewiesen hat.
Denn dann allein wird seine Abwehr gelüftet und kann die
Wahrheit auf ihn leuchten, während er verschwindet.*

Ü-II.333.1

Die Projektion

Im Alltag wird unsere verborgene Schuld ständig aufs neue
geweckt. So drängt sich beispielsweise jemand in der Warte-
schlange vor, wir müssen wegen einem Auto bremsen, das uns
den Weg abschneidet, oder jemand beleidigt uns. Gewöhnlich
verspüren wir unter solchen Umständen einen »gerechten
Zorn« und merken nicht, daß unsere Schuld in Wahrheit in unserem eigenen Geist wurzelt und nichts mit diesen Begeben-
heiten in der Welt zu tun hat. Unser Ego rät uns automatisch,
den Angriff zu entgegnen, sei es, daß wir unseren Ärger an den
Beteiligten auslassen oder ihn nach innen projizieren, was am
Ende zu einer körperlichen Krankheit führt, z. B. zu Kopfschmerzen, einem Magengeschwür oder einem Asthmaanfall.
Dem Ego ist beides recht, denn es lenkt unsere Aufmerksamkeit auf die Welt (wo das Problem nicht liegt) und von unserem Geist weg (wo in Wirklichkeit die Ursache liegt). Siehe dazu Abbildung 3.3.

Während meines ersten Aufenthalts in Findhorn bat mich
eine Frau, die drei Wochen lang krank gewesen war, um eine
Heilungssitzung. Sie hatte Grippesymptome und einen hart-
näckigen Husten, der sie nachts wach hielt. Als ich in der Ent-
spannungsphase der Heilung meine Hände über ihre Brust
hielt, begann sie ein unbehagliches Gefühl an dieser Stelle zu
spüren. Ich bat sie, diesem nachzugehen, da mir schien, es
könnte sie zu einer Einsicht führen. Damit sie das Unbehagen
besser akzeptieren konnte, forderte ich sie auf, mir zu be-

Schuld wird immer projiziert

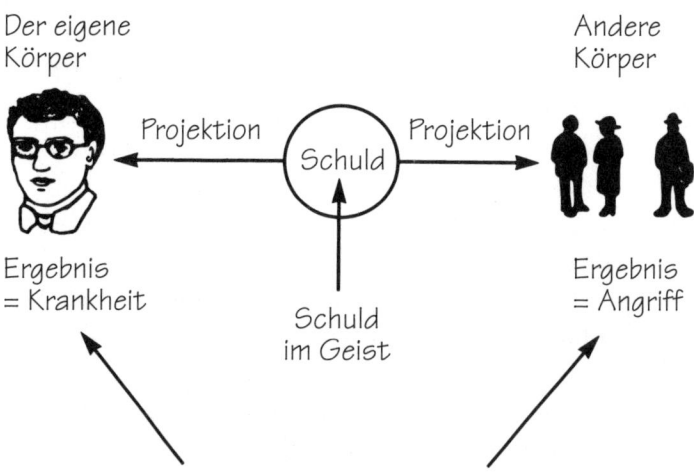

Der eigene
Körper

Andere
Körper

Projektion

Schuld

Projektion

Ergebnis
= Krankheit

Schuld
im Geist

Ergebnis
= Angriff

Das Problem wird außerhalb des Geistes gesehen

Abb. 3.3

schreiben, was sie in ihrer Brust fühlte oder sah. Sie meinte, es fühle sich an, als sei da ein geschlossenes Holztor. Ich fragte sie, was sie mit diesem Tor tun wolle, und dachte, sie würde es vielleicht sachte öffnen wollen. Statt dessen nahm sie einen großen Hammer und zertrümmerte das Tor im Geist in tausend Stücke. Plötzlich wurde sie sich eines intensiven Zorns bewußt, der sich in diesem Körperbereich angesammelt hatte. Dabei rutschte er höher und saß nun in ihrem Hals. Das löste einen Hustenanfall aus.

Ich versuchte ihr zu helfen, diese Gegebenheit zu akzeptieren, und bat sie, mir zu beschreiben, wie ihr Hals ihr erschien. Zuerst beschrieb sie ihn als harten roten Ball, der sich aber plötzlich in das Bild eines großen, schwarzen, häßlichen Ungeheuers verwandelte. Sie war sehr beunruhigt, dieses Bild innerlich vor sich zu sehen. Ich wußte, daß das Ungeheuer ein wichtiger Bote war, der ihr sagen konnte, was verleugnet in ihrem Unbewußten lag. Es war wichtig, daß sie dieses neue Bild annahm und keinen Widerstand dagegen leistete. Ich redete ihr zu, sie solle versuchen, sich mit dem Bild anzufreunden, aber das kam ihr sehr schwierig vor. Schließlich hatte sie den Impuls, ihm ein Geschenk zu machen. Sie sah sich eine goldene Kette aus ihrem Herzen nehmen und sie dem Ungeheuer um den Hals legen. Als sie das tat, veränderte sich der kalte, harte und zornige Ausdruck in seinen Augen, die nun von Liebe und Mitgefühl erfüllt waren. Ich beruhigte sie, sie solle sich dem Ungeheuer nähern und sehen, ob sie es berühren könne. Sie konnte es ein paar Augenblicke lang streicheln.

An diesem Punkt endete die Heilungssitzung. Es war ihr bewußt geworden, daß sie in den drei Wochen ihrer Krankheit eine riesige Wut verleugnet hatte. Am nächsten Tag berichtete sie, der Husten habe kurz nach unserer Sitzung aufgehört, und die übrigen Krankheitssymptome seien inzwischen auch verschwunden. Wir hatten beide deutlich vor Augen geführt bekommen, was Verleugnung bewirken kann. Es hatte mit Ärger begonnen, der sich nach innen gewandt und Krankheit im Körper verursacht hatte. Sie glaubte, das Problem sei dort zu suchen, bis sie ihre Verleugnung aufhob, den Schmerz in ihrem Geist akzeptierte und ihn losließ.

Krankheit ist Ärger, der am Körper ausgelassen wird, damit er Schmerz erleide.

T-28.VI.5:1

Das Ego plant stets, daß wir Ursache und Wirkung verkehren sollen, damit wir die Ursache unseres Leidens nicht in unserem Geist suchen, denn wenn wir in unseren Geist zurückkehrten,

könnten wir auch entdecken, daß der HEILIGE GEIST sich dort
aufhält, und auf IHN statt auf das Ego hören. Das ist das letzte,
was das Ego will, denn das würde zu seinem eigenen Tod
führen. Der ständige Refrain, den es uns vorsingt, ist, daß das
Problem in der Welt und nicht im Geist liegt. Diese Illusion ist
derart perfekt, daß wir beschließen, auf seinen Rat zu hören.
Und wenn wir der Welt die Schuld für die Unbilden, die wir
erleiden, dadurch zuschieben, daß wir unsere Probleme verleugnen und projizieren, wird unsere Schuld nur größer, denn
auf einer gewissen Ebene wissen wir, daß Verleugnung und
Projektion nicht gerechtfertigt sind und daß wir schließlich
die Verantwortung für die Trennung selbst übernehmen müssen.

Die Projektion wird dich aber immer verletzen. Sie verstärkt
deinen Glauben an deinen eigenen gespaltenen Geist, und ihr
einziger Zweck ist der, die Trennung in Gang zu halten.

T-6.II.3:1-2

In Abbildung 3.4 wird der Teufelskreis dargestellt, in dem wir
stecken, wenn wir auf das Ego hören.*

Wenn wir unsere Schuld loszuwerden versuchen, vermeh-
ren wir sie bloß. Der einzige Weg, der aus diesem Teufelskreis
hinausführt, besteht darin, daß wir uns der allgegenwärtigen
Hilfe des HEILIGEN GEISTES in unserem Geist öffnen. Wir brauchen einen Wechsel der Wahrnehmung, ein Wunder, um die
Lage anders zu betrachten. Wir müssen die Dunkelheit in unserem Geist suchen und aufdecken. Solange wir beim Verleugnen bleiben, halten wir die Dunkelheit in uns versteckt
und machen sie wirklich. Das nennt der Kurs: »dem Irrtum

---

* Abbildungen 3.4 und 3.5 beruhen auf Gedankengängen, die Kenneth
Wapnick in dem bereits genannten Buch *Die Vergebung und Jesus* ausge-
führt hat.

Falschgesinntheit
Das Denksystem des Ego

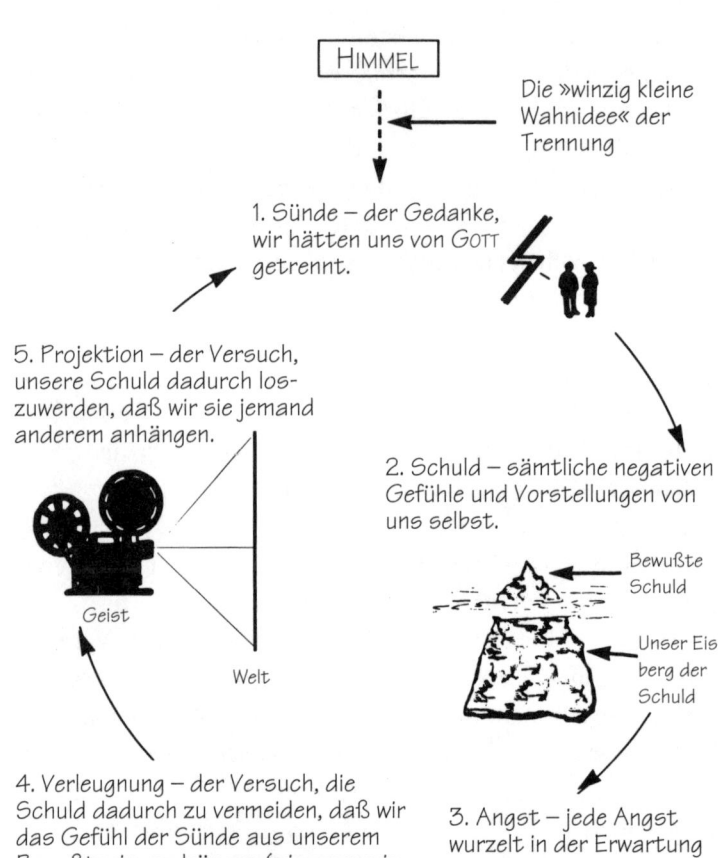

HIMMEL

Die »winzig kleine Wahnidee« der Trennung

1. Sünde – der Gedanke, wir hätten uns von GOTT getrennt.

5. Projektion – der Versuch, unsere Schuld dadurch los- zuwerden, daß wir sie jemand anderem anhängen.

Geist

Welt

2. Schuld – sämtliche negativen Gefühle und Vorstellungen von uns selbst.

Bewußte Schuld

Unser Eis- berg der Schuld

4. Verleugnung – der Versuch, die Schuld dadurch zu vermeiden, daß wir das Gefühl der Sünde aus unserem Bewußtsein verdrängen (wie wenn wir Schmutz unter den Teppich kehren).

3. Angst – jede Angst wurzelt in der Erwartung von Strafe für unsere Sünden. Schuld erfordert Strafe.

Abb. 3.4

Wirklichkeit verleihen«. Wenn wir unsere mörderischen Gedanken akzeptieren, können wir sie vergeben und mit Hilfe des HEILIGEN GEISTES als Illusionen erkennen.

Besondere Haßbeziehungen

Wir suchen uns besondere Menschen aus, um unsere ungeheilte und unvergebene Schuld auf sie zu projizieren; dies nennt der Kurs besondere Haßbeziehungen. Jedesmal, wenn wir unseren Frieden verlieren und uns über jemanden ärgern, begegnen wir einem Spiegelbild dessen, was in uns nicht vergeben ist. Das Ego sagt uns, unser Ärger sei gerechtfertigt und wir sollten einfach zurückschlagen. Der HEILIGE GEIST rät uns, in unseren Geist zu schauen und die dort versteckte Dunkelheit zu SEINEM Licht zu bringen, damit ER sie wegleuchten kann. Der HEILIGE GEIST bittet uns ständig, unsere Verleugnung aufzuheben, unsere Projektionen wieder in unseren Geist zurückzuholen und IHN um Hilfe zu bitten, damit wir sie loslassen können.

Wenn wir uns über habgierige Leute ärgern, ist Habgier in unserem Geist. Wenn wir uns über zornige Menschen ärgern, ist Zorn in unserem Geist. Die Form kann verschieden sein, der Inhalt ist es nie. Möglicherweise sind Sie nie zornig gewesen, aber Sie urteilen, wenn andere zornig werden. Wenn Sie tiefer in sich gehen, finden Sie den Zorn, auch wenn er streng kontrolliert und verleugnet wird. Vielleicht meinen sie, Raucher würden Sie ärgern und Sie selbst hätten nie geraucht. Aber was stellt Rauchen für Sie dar? Vielleicht glauben Sie, Raucher seien nicht einfühlsam, selbstsüchtig und gleichgültig. Wenn Sie ehrlich in sich gehen, finden Sie diese Züge dort ebenfalls, auch wenn sie sich bei Ihnen anders zeigen. Deshalb heißt es im Kurs:

> *Jeder Ärger ist nichts anderes als ein Versuch, jemanden da-*
> *zu zu bringen, daß er sich schuldig fühlt, und dieser Versuch*
> *ist die einzige Basis, die das Ego für besondere Beziehungen*
> *akzeptiert ... Ärger ist nie gerechtfertigt. Angriff hat keine*
> *Basis.*
>
> T-15.VII.10:3; T-30.VI.1:1-2

Wichtig hierbei ist, daß der Kurs den Ärger nicht verurteilt
und uns nicht auffordert, wir sollten uns nicht ärgern. Er sagt
lediglich, daß er nicht gerechtfertigt ist. Wenn wir ärgerlich
werden, hoffen wir, unser Feind würde sich schuldig fühlen
und zugeben, daß er der Grund für unser Leiden sei. Dann
liegt das Problem bei ihm statt bei uns.

Wir alle investieren unglaublich viel in Ärger, weil wir den
magischen Glauben hegen, er würde uns das verschaffen, was
wir wollen. Aber er verschafft uns bloß noch mehr Schuld,
denn auf einer bestimmten Ebene wissen wir, daß unser Angriff ungerechtfertigt ist. Wir greifen in anderen nur das an,
was in uns ist. Um diese zusätzliche Schuld loszuwerden, rät
uns das Ego, uns erneut zu ärgern. So behält das Ego seinen
Teufelskreis von Schuld und Angriff bei und erhält sich unsere Treue. Das heißt nicht, daß wir unseren Ärger unterdrücken
sollten, denn das würde nur unserer Schuld Wirklichkeit verleihen. Der HEILIGE GEIST bittet uns, unseren Ärger anzunehmen und ihn IHM zu bringen, damit ER uns von dieser Illusion
befreien kann. Das fällt den meisten unter uns schwer, weil wir
glauben, die Zielscheibe unseres Ärgers verdiene unsere ge-
rechtfertigte Strafe, und der Ärger verleiht uns die Energie,
diese zu vollstrecken. Es sieht so aus, als würde unser »Feind«
ungestraft davonkommen, wenn wir unseren Ärger fallenlassen.

Oft werden die Evangelien zitiert, um Ärger zu rechtfertigen, denn ist nicht auch Jesus im Tempel zornig geworden und
hat die Tische der Geldverleiher umgeworfen? In den Evange-

lien heißt es aber nicht, daß Jesus zornig gewesen sei. Möglicherweise hat Jesus an jenem Tag beschlossen, seine Lehre drastisch klarzumachen. Und was noch wichtiger ist: In seiner berühmten Bergpredigt hat Jesus eindeutig das Gegenteil von Ärger gelehrt. Wenn uns klar wird, daß wir glauben, die Quelle unserer Probleme liege in der Welt und wir seien die unschuldigen Opfer unserer Umstände, wird auch verständlich, warum wir den Ärger verteidigen. Wenn wir nämlich unsere Investition in den Ärger fahrenlassen, verlieren wir auch unsere Selbstwahrnehmung als Opfer und wenden uns an den HEILIGEN GEIST um Führung statt an das Ego. Das betrachtet das Ego als Frontalangriff und versucht auf jede erdenkliche Weise, uns wieder ärgerlich zu machen. Auf unserer schrittweisen Rückkehr zu GOTT sollten wir auf diese Angriffe gefaßt sein und um Hilfe bitten. Ärger ist eine Hauptwaffe des Ego, denn er verbirgt die eigentliche Quelle des Problems in unserem Geist und richtet unsere Aufmerksamkeit statt dessen auf die Welt. Das folgende Erlebnis meiner Frau Salice während des Golfkriegs im Februar 1992 veranschaulicht den Glauben, die Probleme lägen in der Welt statt in uns.

Salice meditierte eines Tages und dachte über Saddam Hussein und die Lage im Irak und in Kuweit nach, weil sie etwas als Hilfe beitragen wollte. Sie war jedoch hilflos und fragte:»Was in aller Welt kann ich denn tun, um zu helfen?« Eine Stimme in ihr sagte:»Wie siehst du denn Saddam Hussein?« Salice dachte darüber nach und merkte, daß sie ihn grausam, herrisch, aggressiv und wütend fand. Darauf fragte die Stimme weiter:»Hast du irgendeinen dieser Züge in dir?« Salice dachte lange darüber nach und mußte zugeben, daß sich diese Züge tatsächlich zuweilen auch bei ihr äußerten. Da sagte die Stimme:»Bring diese Punkte in dir in Ordnung; das ist das größte Geschenk, das du dem Golfkrieg machen kannst.«

Darauf sah sie ein Bild, auf dem Saddam Hussein oben auf einem Berg stand, an dessen Fuß sich alle Völker der Erde versammelt hatten. Saddam Hussein hielt einen großen Spiegel, in dem das Licht funkelte. Er sagte:»Seht mich an. Ihr könnt diese Eigenschaften in euch nicht sehen, deshalb bin ich euer Spiegel und muß sie übertreiben, damit ihr sie sehen könnt.« Salice berichtete, ihr sei in jenem Augenblick klargeworden, daß jede negative Eigenschaft – die sie oder jemand anders hat – letzten Endes immer auf etwas oder jemand anderen projiziert wird.

Besondere Liebesbeziehungen

Die besondere Liebesbeziehung ist die Hauptwaffe des Ego, um dich vom HIMMEL fernzuhalten … [Sie] ist nur ein schäbiger Ersatz für das, was dich ganz macht in der Wahrheit, nicht in der Illusion.

T-16.V.2:3; T-16.IV.8:4

Gewöhnlich verbringen wir einen Großteil unseres Lebens in abhängigen, bedürfnisorientierten Beziehungen, sei es mit unseren Eltern, Freunden, Liebhabern, Kindern, Auftraggebern oder sonst jemandem, von dem wir glauben, er würde unsere Bedürfnisse befriedigen. Wir schaffen uns auch eine Abhängigkeit vom Essen, Geld, Alkohol, von Zigaretten, Büchern, Autos, Kleidern und anderen materiellen Dingen. Das alles fußt auf der Grundidee, das Glück liege in der Ego-Welt der Formen außerhalb von uns. Der Kurs bezeichnet diese Formen als Götzen, die dazu gemacht sind, GOTTES LIEBE zu uns zu ersetzen (siehe Zitat unten in Abbildung 3.5).

Was zwingt uns denn, Frieden und Freude außerhalb von uns zu suchen? Als wir unsere bewußte Verbindung mit unserem Zuhause im Himmel unterbrachen, blieb eine schreckliche

Leere in unserem Geist zurück. Im Kurs wird das als »Mangelprinzip« bezeichnet. Wir spürten, daß etwas sehr Wichtiges in unserem Leben fehlte, waren uns aber nicht bewußt, was es war. Der Ego-Mechanismus der Verleugnung ließ uns unsere Schuld verstecken, aber er hat uns auch die Erinnerung an unser Zuhause genommen. Wir konnten Gott und sein Reich jedoch nicht ganz vergessen; eine schwache Erinnerung ist übriggeblieben und klingt noch in uns nach.

Diese Welt, in der du zu leben scheinst, ist nicht dein Zuhause. Und irgendwo in deinem Geist erkennst du, daß das wahr ist. Eine Erinnerung an Zuhause hört nicht auf, dich heimzusuchen, als gebe es einen Ort, der dich zur Rückkehr riefe, obschon du weder die Stimme wiedererkennst noch woran die Stimme dich erinnert. Und dennoch fühlst du dich hier wie ein Fremder von wer weiß woher.

Ü-I.182.1:1-4

Wenn wir uns nun um Rat an das Ego wenden, sagt es uns, natürlich fehle uns etwas, und die einzige Lösung in unserem Elend bestehe darin, es außerhalb unseres Geistes in der Welt zu suchen. Wieder lenkt die Lösung des Ego unsere Suche von der Liebe des HEILIGEN GEISTES in unserem Geist ab in eine äußere Welt, und damit sichert sich das Ego seinen Fortbestand. Wir aber begeben uns auf eine ergebnislose Suche nach dem Glück an einem Ort, an dem es nicht gefunden werden kann.

Es muß dir aufgefallen sein, daß ein hervorstechendes Merkmal eines jeden Ziels, welches das Ego als das seine akzeptiert, das ist: Wenn du es erreicht hast, befriedigt es dich nicht.

T-8.VIII.2:5-6

So überträgt sich etwa unsere geistige Armut in das Anhäufen von Geld. Nur bekommen wir offenbar nie genug davon.

Wenn wir neue Kleider kaufen, sind wir häufig erst einmal zufrieden, aber einige Zeit danach sehen wir etwas anderes, das uns besser als das Gekaufte gefällt, und dann wollen wir das haben. Oder wir übersetzen unser Bedürfnis nach unserer Verbindung mit GOTT in das Bedürfnis, uns sexuell mit einem anderen Körper zu verbinden. Wir glauben, häufige sexuelle Verbindungen seien ein zufriedenstellender Ersatz für die spirituelle Verbindung. Damit will ich keinesfalls sagen, die Ego-Welt der Formen sei sündig und solle vermieden werden. Das würde »dem Fehler Wirklichkeit verleihen« und zu Askese und Selbsterniedrigung führen. Sowohl die Beschäftigung mit unserem Unwertsein als auch unsere Flucht davor in die Lust dienen dem Ziel des Ego, uns schuldig zu machen und auf die Welt auszurichten. Für den HEILIGEN GEIST ist die Welt nur eine Schule der Erfahrungen, in der wir, anstatt Schuld zu finden, Vergebung lernen und langsam aus dem Traum der Trennung aufwachen können. Wir sollten »in der Welt sein, aber nicht von der Welt«, auf jenem mittleren Pfad, den Buddha vor 2500 Jahren gelehrt hat.

Es gibt nichts, das uns so gut wie eine Beziehung – egal welcher Art – alles zu Bewußtsein bringen könnte, was in unserem Geist Heilung und Vergebung braucht. Ohne den Spiegel der Beziehungen wäre es sehr schwierig, unsere Schuld aufzudecken. Alle unsere Beziehungen erfüllen am Anfang notgedrungen den Zweck der Ego-Bedürfnisbefriedigung. Einem einzelnen Menschen bedingungslose Liebe entgegenzubringen ist ein Widerspruch in sich. Wenn wir zu guter Letzt erwachen und erkennen, wer wir in Wirklichkeit sind, wird sich unsere Liebe gleichermaßen auf alle ausdehnen. Somit brauchen wir die Beziehungen dieser Welt, um Vergebung zu lernen.

Sehen wir uns näher an, was in einer besonderen Liebesbeziehung geschieht. Nehmen wir die gegenseitige Abhängigkeit zwischen zwei Liebenden zum Beispiel. Was wir hier sehen können, trifft jedoch auf alle Beziehungsformen zu, die auf Bedürftigkeit basieren. Da wir einen Schmerz und eine Leere in uns empfinden, suchen wir jemanden, der diese Leere füllen kann. Es ist, als hätten wir ein leeres Faß ohne Boden in unserem Herzen, und wir hoffen, es mit etwas außerhalb von uns füllen zu können. Dazu suchen wir uns jemanden mit besonderen Eigenschaften. Unser Ego ist stets sehr wählerisch und stellt einen entsprechenden Einkaufszettel für uns auf. Auf diesem Zettel steht, welchen Körper und welche Eigenschaften wir uns von unserem Partner wünschen, Alter, Form, Farbe und Schönheitsgrad und auch, ob er Humor haben, liebenswürdig, empfindsam oder fürsorglich sein soll.

Die besondere Beziehung ist ohne Körper völlig bedeutungs-
los. Wenn du sie wertschätzt, mußt du auch den Körper wert-
schätzen. Und was du wertschätzt, das behältst du. Die be-
sondere Beziehung ist eine Einrichtung, um dein Selbst auf
einen Körper zu begrenzen und deine Wahrnehmung anderer
auf den ihren.

T-16.VI.4:1-4

Vielleicht suchen wir einen »schützenden Vater« oder eine »liebende Mutter«, die für uns sorgen. Oder vielleicht suchen wir ein »abhängiges Kind«, damit wir gebraucht werden und jemanden retten können. Wenn wir jemanden finden, der unseren Bedürfnissen (unserem Einkaufszettel) entspricht, und wenn wir ihren Bedürfnissen ebenfalls entsprechen, entsteht eine besondere Liebesbeziehung. Den Anfang bezeichnet man oft als Flitterwochen, da beide Partner jetzt glücklich sind und glauben, ihr leeres Faß ohne Boden sei jetzt gefüllt. Sie glauben, sie hätten sich verliebt, aber eigentlich sind sie nur noch bedürftiger geworden. Solange die Partner ihre Bedürfnisse gegenseitig befriedigen, merken sie nicht, daß diese Beziehung nur eine neue besondere Haßbeziehung mit einer hübschen

Borte ist. Da wir unseren Partner brauchen, um das Faß ohne Boden in uns zu füllen, erinnert er uns ständig an unser fehlendes Selbstwertgefühl. Diesen Mangel an Selbstwertgefühl und diese Schuld in uns hassen wir, und deswegen müssen wir auch diejenigen hassen, die uns daran erinnern. Die Abhängigkeit vom Partner führt zur Verachtung, da wir uns sehr ungern auf andere verlassen. Somit vergrößert die besondere Beziehung unseren Schmerz und unsere Leere, anstatt sie zu verringern, wie wir anfänglich unbewußt glaubten. Und damit tritt der Zweck aller besonderen Beziehungen, seien es Haß- oder Liebesbeziehungen, deutlich zutage, nämlich Schuld zu erzeugen und damit unseren Glauben an das Ego aufrechtzuerhalten.

Doch je genauer du die besondere Beziehung ansiehst, desto offensichtlicher wird es, daß sie die Schuld begünstigen und daß sie daher gefangennehmen muß.

T-16.VI.3:4

Das Ego hat uns weisgemacht, wir seien Sünder, und unsere Schuld ist der Beweis dafür, daß das Ego bestimmt recht hat. Wenn unsere Bedürfnisse nicht mehr befriedigt werden, steigt der verborgene Haß gegen unseren Partner an die Oberfläche, und das Ego sagt uns, wir sollten ihn auf diesen projizieren. Wieder einmal empfinden wir unseren Ärger als gerechtfertigt, wenn wir versuchen, unsere Bedürfnisse dadurch zu befriedigen, daß wir dem Partner Schuldgefühle beibringen. »Du hast mir gesagt, daß du mich liebst – sieh doch nur, wie du mich behandelst!« wird oft als Ego-Trick angewendet. Auch wenn die Beziehung »geflickt« wird und wir »uns versöhnen«, wird zu diesem Zeitpunkt doch ein Körnchen Zweifel gesät. Dieses wächst jedesmal, wenn wir uns streiten und uns Zweifel an der Zukunft der Beziehung kommen. Dann rät uns das Ego vielleicht, einen anderen, passenderen Partner zu suchen.

Dieser Kreislauf, in dem wir ständig neue Partner brauchen, mit denen wir dasselbe Muster durchspielen, läßt sich endlos wiederholen.

Doch wenn wir wollen, steht uns auch die Führung des HEILIGEN GEISTES zur Verfügung. Wenn wir uns irgendwann in diesem Kreislauf an IHN wenden, sagt ER uns, wir sollten das Ziel unserer Beziehung von einer besonderen zu einer heiligen verschieben, damit wir SEINE Lektionen der Vergebung lernen können. Im 5. Kapitel werden wir die heilige Beziehung eingehender betrachten. Abbildung 3.5 stellt den Teufelskreis der besonderen Liebesbeziehungen des Ego noch einmal dar.

Zusammenfassung

Wir glauben, die Trennung von GOTT habe tatsächlich stattgefunden; das hinterläßt ein tiefsitzendes Gefühl der Sünde und als Begleiterscheinung das Gefühl der Schuld. Wie gesagt, verlangt Schuld einem psychologischen Gesetz zufolge nach Strafe, und nun haben wir Angst vor ihr. Mit dieser Last wenden wir uns wieder um Hilfe an das Ego. Obwohl die Anwesenheit des HEILIGEN GEISTES bestätigt, daß wir nichts zu fürchten haben – weil alles nur ein dummer Traum ist –, fürchten wir den HEILIGEN GEIST als Abgesandten eines zornigen und rächenden GOTTES. Der Rat des Ego ist einfach: Wir brauchen bloß zu verleugnen, daß die Trennung von GOTT jemals stattgefunden hat, und die Schuld, die wir darüber empfinden, gleich mit dazu; diese projizieren wir dann auf unsere Beziehungen und die Welt im allgemeinen. Nun liegt das Problem nicht mehr bei uns, sondern bei jedem und allem anderen. Was wir in uns hassen, verleugnen wir und projizieren es auf unsere Feinde (besondere Haßbeziehungen). Unser Ärger ihnen gegenüber verlangt, daß sie ihr Verhalten ändern, um unseren verlorenen

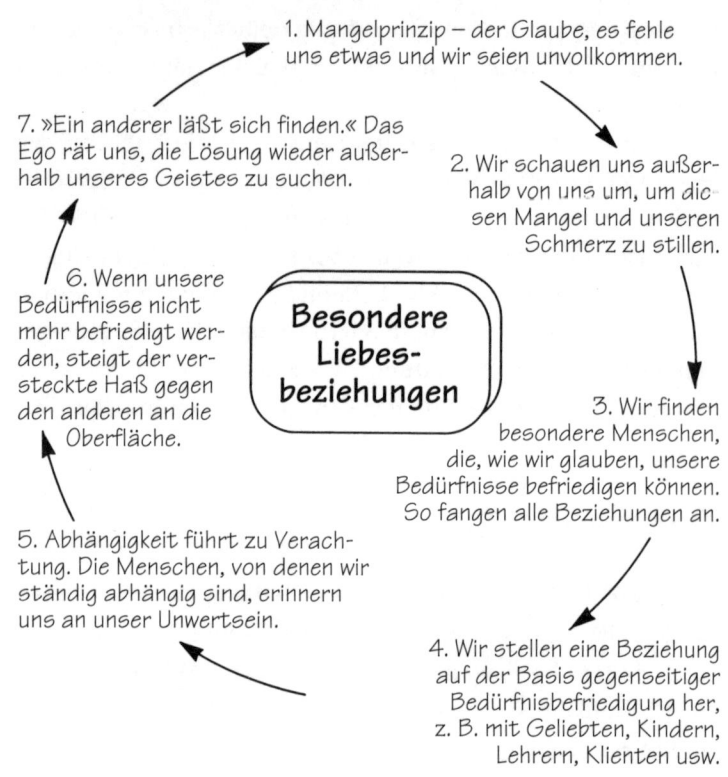

1. Mangelprinzip – der Glaube, es fehle uns etwas und wir seien unvollkommen.

7. »Ein anderer läßt sich finden.« Das Ego rät uns, die Lösung wieder außerhalb unseres Geistes zu suchen.

2. Wir schauen uns außerhalb von uns um, um diesen Mangel und unseren Schmerz zu stillen.

6. Wenn unsere Bedürfnisse nicht mehr befriedigt werden, steigt der versteckte Haß gegen den anderen an die Oberfläche.

Besondere Liebes- beziehungen

3. Wir finden besondere Menschen, die, wie wir glauben, unsere Bedürfnisse befriedigen können. So fangen alle Beziehungen an.

5. Abhängigkeit führt zu Verachtung. Die Menschen, von denen wir ständig abhängig sind, erinnern uns an unser Unwertsein.

4. Wir stellen eine Beziehung auf der Basis gegenseitiger Bedürfnisbefriedigung her, z. B. mit Geliebten, Kindern, Lehrern, Klienten usw.

Abb. 3.5

»Niemand kommt hierher, der nicht noch immer eine Hoffnung hätte, eine Illusion, die noch verweilt, oder einen Traum, es gebe etwas außerhalb von ihm, das ihm Glück und Frieden bringen werde. Wenn alles in ihm ist, kann das nicht sein … Suche nicht außerhalb von dir. Denn es wird mißlingen, und du wirst bei jedem Male weinen, wenn ein Götze fällt. Der HIMMEL kann nicht dort gefunden werden, wo er nicht ist, und es kann keinen Frieden geben außer dort … Denn all dein Schmerz kommt einfach nur von einer vergeblichen Suche nach dem, was du willst, wobei du darauf beharrst, wo es zu finden ist. Und was, wenn es nicht dort ist? Willst du lieber recht haben oder glücklich sein?«　　T-29.VII.2:1-2; 1:1-3, 7-9

Frieden wiederherzustellen. Unser Problem wird jetzt als außerhalb von uns gesehen, und damit ist es unmöglich geworden, es zu heilen.

Die wirksamste Waffe des Ego gegen GOTT ist die besondere Liebesbeziehung. Wir glauben, es würde uns ernstlich etwas fehlen (Mangelprinzip), und suchen daher besondere Menschen (Liebhaber, Freunde, Eltern, Therapeuten usw.), die unser bodenloses Faß der Verzweiflung mit ihren Eigenschaften (Geld, Bewunderung, Sex, Sicherheit, Hilfe usw.) füllen. Wir suchen also einen Ersatz für die einzige Beziehung, die uns je befriedigen wird: die Beziehung zu GOTT, die wir für immer verloren zu haben glauben.

Der HEILIGE GEIST rät uns, genau diese Beziehungen nun dazu zu verwenden, die Vergebung zu erlernen. Der HEILIGE GEIST kann alles nutzen, was das Ego verwendet, aber zum entgegengesetzten Zweck, d. h. um zu verbinden, statt zu trennen. In unseren besonderen Beziehungen manipulieren wir Menschen, damit sie unsere Bedürfnisse befriedigen, und schließen einen Handel ab, bei dem wir Geschenke austauschen, die wir voneinander zu brauchen glauben. Aber der ungerechtfertigte Angriff in der besonderen Haßbeziehung sowie die Manipulierung und der versteckte Angriff in der besonderen Liebesbeziehung heben unser Schuldniveau nur an. Dem Rat des Ego zu folgen vergrößert also unsere Schuld, und genau das will das Ego immer, denn dann bleiben wir dem Glauben an seine Realität treu. Wir haben das Ego-Denksystem erfunden, und das Ego kämpft um sein Überleben. Sein Rat erhält unser Gefühl der Trennung aufrecht und hält uns in einem Teufelskreis von Schuld und Angriff gefangen.

Alle Krankheit kommt von Trennung. Wenn die Trennung geleugnet wird, vergeht sie.

T-26.VII.2:1

79

Projektion oder Wunder – unsere Alternativen zur Betrachtung der Welt

Die Welt ist der aus dem Geist hinausprojizierte Gedanke der Trennung von GOTT

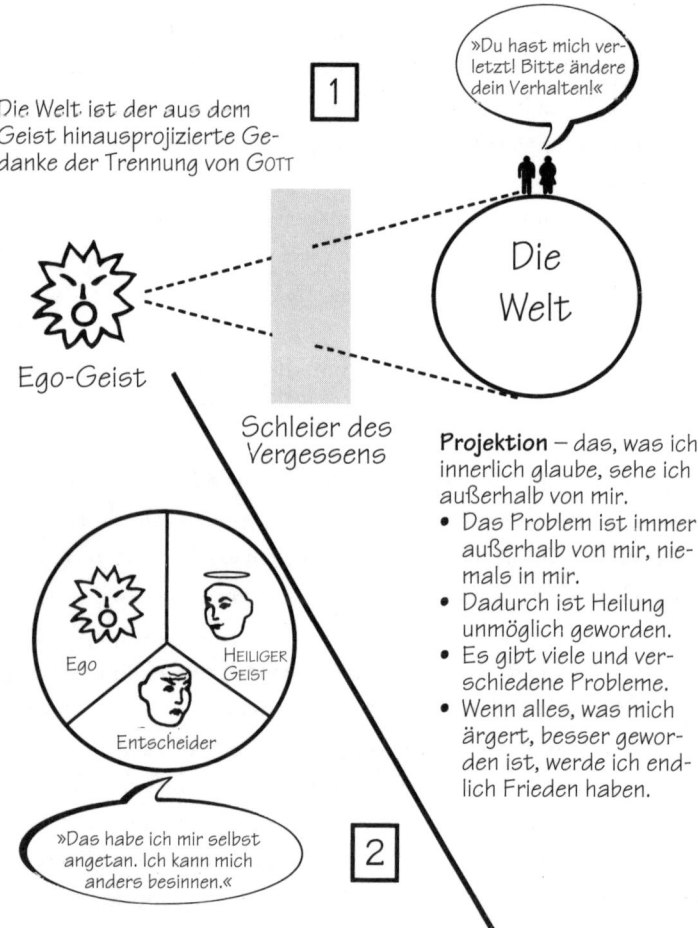

»Du hast mich verletzt! Bitte ändere dein Verhalten!«

Die Welt

Ego-Geist

Schleier des Vergessens

Ego

HEILIGER GEIST

Entscheider

»Das habe ich mir selbst angetan. Ich kann mich anders besinnen.«

Projektion – das, was ich innerlich glaube, sehe ich außerhalb von mir.
- Das Problem ist immer außerhalb von mir, niemals in mir.
- Dadurch ist Heilung unmöglich geworden.
- Es gibt viele und verschiedene Probleme.
- Wenn alles, was mich ärgert, besser geworden ist, werde ich endlich Frieden haben.

Das Wunder – ein Wechsel der Wahrnehmung.
- Das Problem liegt in meinem Geist.
- Darum ist Heilung möglich.
- Es gibt nur ein einziges Problem – die Trennung von GOTT.
- Es gibt nur eine einzige Lösung – Vergebung.

Abb. 3.6

In Abbildung 3.6 sind unsere einzigen Alternativen aufgezeigt – auf unser Ego zu hören und zu projizieren oder statt dessen dem Rat des HEILIGEN GEISTES zu folgen und uns für ein Wunder zu entscheiden.

Der Körper wurde nicht von der Liebe gemacht. Die Liebe aber verurteilt ihn nicht und kann ihn liebevoll verwenden, indem sie respektiert, was GOTTES SOHN gemacht hat, und es verwendet, um ihn von Illusionen zu erlösen.

Ein Kurs in Wundern
T-18.VI.4:7-8

4

Die Ursachen von Krankheit

Die Rolle des Körpers

Im Kurs liegt das Augenmerk nicht auf der Heilung des Körpers, sondern auf dem Erlangen von innerer Freude und Geistesfrieden. Sind diese erlangt, ist ein gesunder Körper die natürliche Folge davon. Es kann jedoch sein, daß jemand eine Krankheit wählt, um eine bestimmte Lektion schneller zu lernen. So könnte eine Frau beispielsweise beschließen, krank zu werden, damit sie – oder vielleicht auch ihre Angehörigen – mehr über den Glauben an GOTT und das Vertrauen auf IHN lernen kann. Die Krankheit gibt ihr die Möglichkeit, sich nach innen zu wenden und ihre innere Stärke zu entwickeln, von der sie intuitiv weiß, daß sie sie hat, die sie jedoch bisher noch nicht erfahren konnte. Die Entscheidung zur Krankheit wird auf einer Ebene des Geistes getroffen, deren sie sich gewöhnlich nicht bewußt ist. Es gibt viele Berichte über Menschen, die Krebs bekommen haben und im Umgang mit ihrer Krankheit und deren Auswirkungen auf ihre Umgebung einen spirituellen Durchbruch erlebten. Ein solcher Mensch stirbt vielleicht trotzdem an Krebs, aber der Geistesfrieden, den er erlangt hat, bedeutet, daß sein Geist geheilt ist. Wir sollten also nicht den Fehler machen, andere nach der Form ihrer Krankheit zu beurteilen, weil wir nie alle Gegebenheiten kennen.

Die folgende Betrachtung über die Ursachen von Krankheit befaßt sich mit der Krankheit, die durch die Schuld in unserem Geist erzeugt wird. Um den Körper zu heilen, brauchen wir ein Wunder – einen Wechsel der Wahrnehmung –, denn Krankheit ist nur ein Schatten, den die Schuld in unserem Geist auf unseren Körper wirft. Jesus ist sich wohl bewußt, daß das keine leichte Aufgabe ist und daß dabei oft ein Kompromißansatz nötig ist. Deshalb heißt es im Kurs:

Manchmal hat die Krankheit den Geist fest genug in der Gewalt, um einen Menschen vorübergehend für die SÜHNE [die Berichtigung unserer Fehler] unzugänglich zu machen. In diesem Fall mag es klug sein, dem Körper und Geist gegenüber einen Kompromißansatz anzuwenden, bei dem der Glaube an Heilung vorübergehend etwas Äußerem geschenkt wird. Das letzte, was den Nichtrechtgesinnten oder Kranken nämlich helfen kann, ist eine Mehrung der Angst.

T-2.IV.4:5-7

Somit ist es nicht falsch, Pillen oder Medikamente einzunehmen, sich einer Operation zu unterziehen oder in eine Therapie zu gehen. Damit jedoch wahre Heilung stattfinden kann, müssen wir uns mit der Ursache in unserem Geist befassen und nicht mit deren Wirkung in unserem Körper. Wir wollen nun die Krankheitsursachen aufdecken, und dazu befassen wir uns zuerst mit der Rolle des Körpers. Siehe dazu Abbildung 4.1.

Kenneth Wapnick vergleicht den Geist, der sich außerhalb von Zeit und Raum befindet, mit einem Marionettenspieler, wobei Körper und Gehirn zur Marionette gehören. Ich finde diese Analogie sehr gut, um das Verhältnis zwischen Geist und Körper aufzuzeigen. Eine Marionette kann nichts tun, wenn die Fäden, an denen sie hängt, nicht vom Marionettenspieler bewegt werden, den man gewöhnlich nicht sieht.

»Mein Körper ist ein ganz und gar neutrales Ding«

Der gespaltene Geist

»Das Ego betrachtet den Körper als sein Zuhause und versucht, sich durch den Körper zu befriedigen ... Das Ego verwendet den Körper zum Angriff, zur Lust und für den Stolz.«
T-4.II.7:8; T-6.V-A.5:3

Befehle an den Körper

»Der HEILIGE GEIST lehrt dich, deinen Körper nur zu benutzen, um deine Brüder zu erreichen, damit ER seine Botschaft durch dich lehren kann. Das wird sie heilen und daher dich heilen.«
T-8.VIII.9:1-2

Ursache

Wirkung

Geist – Marionettenspieler

Körper – Marionette

Abb. 4.1

»Der Körper scheint weitgehend eigenmotiviert und unabhängig zu sein, doch tatsächlich reagiert er nur auf die Absichten des Geistes. Wenn der Geist ihn zum Angriff in irgendeiner Form benutzen will, wird er das Opfer von Krankheit, Alter und Verfall. Wenn der Geist statt dessen die Zielsetzung des HEILIGEN GEISTES für ihn annimmt, so wird er zu einer nützlichen Art und Weise, um mit anderen zu kommunizieren, ist unverletzlich, solange es nötig ist, und wird sanft abgelegt, wenn sein Nutzen vorbei ist. Von sich aus ist er neutral, wie es alles in der Welt der Wahrnehmung ist. Ob er für die Ziele des Ego oder des HEILIGEN GEISTES verwendet wird, hängt voll und ganz von dem ab, was der Geist will.«
Vorwort zum Kurs, S. xx

Dabei entsteht aber die Illusion, die Marionette bewege sich von selbst. Gleichermaßen lassen wir uns leicht zum Narren halten und denken, unser Körper erkranke oder gesunde von selbst. Die gesamte westliche Medizin ist darauf angelegt, sich mit dem Körper zu beschäftigen. Solange wir an den Körper und dessen »Gesetzmäßigkeiten« glauben, wirkt sich die Medizin natürlich auf die Symptome aus, aber sie heilt uns nicht. Wenn die Ursache im Geist nicht behandelt wird, kehrt die Krankheit in derselben oder in einer ähnlichen Form wieder.

Für des Körpers Gesundheit besteht vollkommene Gewähr,
weil er nicht durch die Zeit, das Wetter oder Müdigkeit, durch
Essen oder Trinken oder irgendwelche Gesetze begrenzt ist,
denen du ihn vordem dienen hießest.

Ü-I.136.18:3

Der Körper ist genauso eine Erfindung des Ego-Denksystems wie jede andere Form im Universum auch. Wir haben jedoch die Wahl, wie wir ihn verwenden wollen. An sich ist er neutral und kann entweder dem Ziel des Ego oder demjenigen des HEILIGEN GEISTES dienen.

Mein Körper, VATER, kann nicht dein SOHN sein. Und das,
was nicht erschaffen ist, kann weder sündig sein noch ohne
Sünde, weder gut noch schlecht. So laß mich diesen Traum da-
zu verwenden, DEINEM Plan zu helfen, damit wir aus allen
Träumen, die wir gemacht haben, erwachen.

Ü-II.294.2:1-3

Wenn wir dem Körper erlauben, das Heim des Ego zu sein, wird dieses ihn für seinen Zweck benutzen, die Trennung durch Urteilen und Angriff aufrechtzuerhalten. Dieser Angriff drückt sich auch als Krankheit im Körper aus. Damit ist das Ziel des Ego erreicht: Wir konzentrieren unsere Aufmerksamkeit auf den Körper, und das führt dazu, daß die Welt uns sehr wirklich erscheint und der HEILIGE GEIST als Lügner dasteht. Dann sagen wir uns nämlich: »Erzähl mir nicht, daß dieser Körper nicht wirklich ist – er tut mir ja weh!« Siehe dazu Abbildung 4.2. Wenn wir hingegen den HEILIGEN GEIST den Körper als Instrument zur liebevollen Kommunikation verwenden lassen, damit ER SEINE Botschaft der Vergebung und Verbindung verbreiten kann, entsteht daraus Gesundheit. Wie es im Kurs heißt:

Der HEILIGE GEIST sieht den Körper nur als ein Kommunikationsmittel an, und weil Kommunizieren Miteinanderteilen ist, wird es zur Kommunion.

T-6.V-A.5:5

Wenn wir körperliche Schmerzen leiden, ist die Versuchung groß, darum zu bitten, daß sie von uns genommen werden. Der Kurs rät davon ab und legt uns statt dessen nahe, darum zu beten, vergeben zu lernen, weil alle seelischen und körperlichen Schmerzen aus der Nichtvergebung entstehen. Wenn Haß, Angriff und Ärger in unserem Geist geheilt sind, verschwinden deren Spiegelungen im Körper auch.

Schmerz ist eine falsche Perspektive. Wenn er in irgendeiner Form erfahren wird, ist er ein Beweis für Selbstbetrug. Er ist überhaupt keine Tatsache. Es gibt keine Form, die er annimmt, die nicht verschwindet, wenn er richtig gesehen wird. Denn Schmerz verkündet, daß GOTT grausam ist ... Schmerz ist ein Zeichen, daß Illusionen herrschen an der Wahrheit Statt. Er zeigt auf, daß GOTT verleugnet, mit Angst verwechselt, als verrückt wahrgenommen und als Verräter an SICH SELBST gesehen wird. Wenn GOTT wirklich ist, dann gibt es keinen Schmerz. Wenn der Schmerz wirklich ist, dann gibt es keinen GOTT.

Ü-I.190.1:1-5; 3:1-4

Wir stehen inmitten der LIEBE GOTTES und träumen unsere privaten Träume

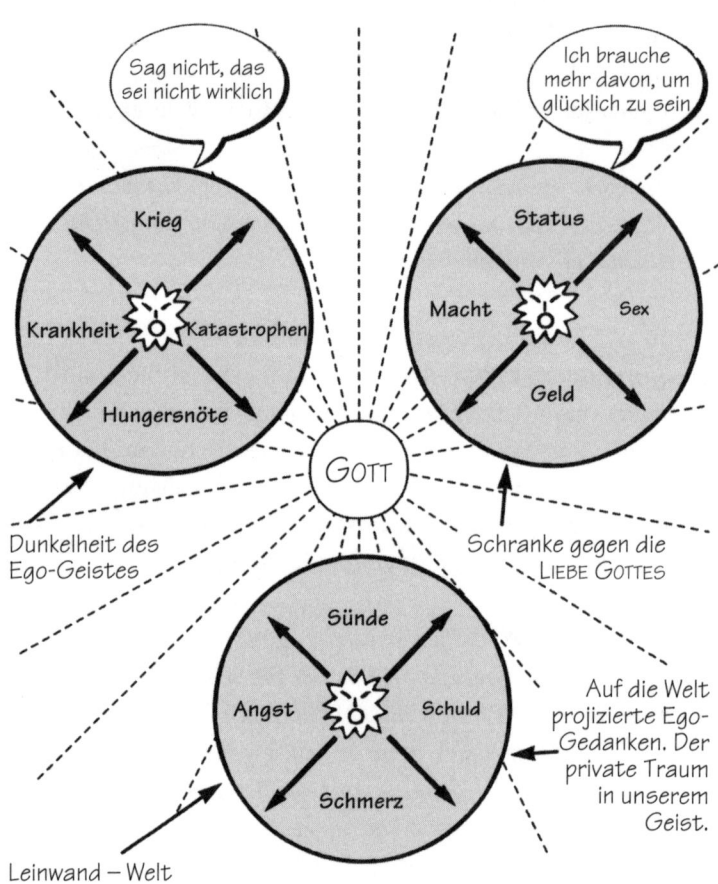

Abb. 4.2

Unser Geist entscheidet über alles, auch wenn wir uns dessen meist nicht bewußt sind. Er wählt den Zeitpunkt sowohl für die Geburt als auch für den Tod des Körpers. Im Kurs heißt es: »Und niemand stirbt ohne seine eigene Zustimmung« (Ü-I.152.1:4). Wenn wir den Körper für den Zweck des HEILI-GEN GEISTES verwenden, haben wir keine Angst, wenn die Zeit gekommen ist, ihn abzulegen. Wir wissen dann, daß wir nicht der Körper sind, und da unsere Lektionen abgeschlossen sind, können wir ihn loslassen.

Wenn dein Körper und dein Ego und deine Träume vergangen sind, wirst du erkennen, daß du ewig währst. Vielleicht denkst du, das werde durch den Tod erreicht – aber nichts wird durch den Tod erreicht, weil der Tod nichts ist. Alles wird durch das Leben erreicht, und das Leben ist vom Geist und im Geist. Der Körper lebt weder, noch stirbt er, weil er dich, der du das Leben bist, nicht fassen kann. Wenn wir den gleichen Geist miteinander teilen, kannst du den Tod überwinden, weil ich es tat.

T-6.V-A.1:1-5

Die folgende Geschichte veranschaulicht die Macht des Geistes über den Körper. Eines Abends klopfte es an die Tür. Ich machte auf, und draußen stand eine nervöse junge Frau namens Jane, die eine Heilungssitzung an jenem Abend bei mir vereinbart hatte. Neben ihr stand ihre Freundin und Beziehungspartnerin, die zu ihrer Unterstützung mitgekommen war. Jane war so nervös, daß ihre Freundin sie beinahe ins Zimmer schieben mußte. Im Verlauf unseres Gesprächs stellte sich heraus, daß sie Angst hatte, mit einem Mann allein zu sein. Ihr Problem war, daß sie und ihre Freundin beide ein Kind wollten, und Jane sollte die Mutter sein. Sie hatte es eine Zeitlang mit künstlicher Befruchtung versucht, aber ohne Erfolg. Jane war selbst Ärztin, und eine Kollegin hatte ihr gesagt, ihr Gebärmutterhals zeige eine spermaabstoßende Reaktion. Es schien mir sehr wahrscheinlich, daß es ihr schwerfiel, Männern zu vergeben, und daß sich dies in ihrem Körper niedergeschlagen hatte. Als wir darüber sprachen, erwähnte sie, daß sie früher Beziehungen zu Männern gehabt habe. Als sie zwanzig war, war sie vergewaltigt worden, und das hatte eine emotionale Verletzung in ihr hinterlassen. In einer ihrer Beziehungen war sie schwanger geworden und hatte die Schwangerschaft abgebrochen.

Wir begannen mit einer Entspannungsübung, bevor wir uns auf Janes Gefühle Männern gegenüber konzentrierten. Als ich vorschlug, sie solle versuchen, den Männern zu vergeben, die sie verletzt hatten, spürte sie, wie Wut sich in ihren Händen, Beinen und der Bauchgegend bemerkbar machte. Gleichzeitig bekam sie Kopfschmerzen. Wir arbeiteten daran, diese Gefühle zu akzeptieren, und baten beide um Hilfe. Zu ihrer Überraschung begannen Erinnerungen und Gefühle im Zusammenhang mit ihrer Abtreibung aufzusteigen, die sie verdrängt hatte. Jane hatte gemeint, dieses Thema sei abgeschlossen, aber die aufsteigenden Erinnerungen waren sehr intensiv. Plötzlich fing sie an, wie ein Baby im Zimmer herumzukriechen. Sie empfand es so, als wolle sie dem abgetriebenen Kind das Leben geben, das sie ihm verweigert hatte.

Die Schuld, die sie nun empfand, war gewaltig, und sie erschien ihr symbolisch als Aasgeier. Ich redete ihr Mut zu und sagte ihr, sie solle keine Angst vor ihm haben und versuchen, ihn zu akzeptieren. Jane berichtete, er löse sich langsam auf, während sie ihn liebevoll und ohne Abwehr ansah. Darauf folgte eine verblüffende Einsicht, und Jane verkündete: »Ich kann empfangen – ich hatte das vergessen!« In ihrer Vorstellung sah sie die Empfängnisenergie in ihre Gebärmutter fließen und die Dunkelheit daraus verschwinden. Es fühlte sich für sie an, als stelle es ihre Vergebung ihr selbst gegenüber dar. Nach der Sitzung wollte Jane mich umarmen, fürchtete sich aber trotzdem noch ein wenig wegen ihrer Ambivalenz Männern gegenüber. Vorsichtig umarmte sie mich einen Moment lang und war ganz glücklich, daß es ihr wieder möglich war, einen Mann zu berühren. Am nächsten Tag erwähnte sie Schmerzen im Unterleib, die für mich ein positives Zeichen dafür waren, daß sich etwas in ihr veränderte. Sie sagte auch, sie übe jetzt, Männer in ihrer Vorstellung zu umarmen. Einige Monate später bekam ich einen Brief von ihr. Sie hatte es nochmals mit künstlicher Befruchtung versucht; diesmal hatte sie den Samenspender zuvor kennengelernt und war mit ihm essen gegangen. Jane hatte erkannt, wie notwendig es war, daß sie ihren Haß Männern gegenüber fallenließ, weil er sich in ihrem spermaabstoßenden Gebärmutterhals niederschlug. Der Brief schloß damit, daß sie jetzt schwanger sei, und einige Zeit danach schickte sie mir ein Bild von sich und ihrer Partnerin mit ihrem neugeborenen Baby.

In der Schrift über die *Psychotherapie* heißt es, es bestehe ein Zusammenhang zwischen der Form der körperlichen Krankheit und der Form der Nichtvergebung im Geist.

Krankheit nimmt viele Formen an, und das gilt auch für Nichtvergebung. Die Formen der einen reproduzieren nur die Formen der anderen, denn sie sind dieselbe Illusion. So getreu wird die eine in die andere übersetzt, daß eine sorgfältige Untersuchung der Form, die eine Krankheit annimmt, ganz deutlich auf die Form der Nichtvergebung hinweist, die sie darstellt. Doch das zu sehen wird keine Heilung bewirken. Diese wird nur durch eine einzige Einsicht erreicht: Nur Vergebung heilt Nichtvergebung, und nur Nichtvergebung kann Krankheit irgendeiner Art überhaupt entstehen lassen. Diese Einsicht ist das Endziel der Psychotherapie.

P-2.VI.5, 6:1

Für manche Menschen kann es sehr hilfreich sein, diesen Zusammenhang zwischen Geist und Körper zu erkennen. Wenn auf diese Einsicht jedoch keine Vergebung folgt, folgt auch keine Heilung. Ich habe erlebt, daß eine schmerzliche verdrängte Erinnerung aufgedeckt wurde, nur um als Rechtfertigung eines Angriffs gegen denjenigen verwendet zu werden, der dafür verantwortlich gemacht wurde. Das Ego sagt uns stets, daß unsere jetzigen Probleme auf vergangene Ereignisse zurückzuführen und unsere jetzigen Gefühle gerechtfertigt sind. Der HEILIGE GEIST hingegen sagt uns, daß die Vergangenheit nicht existiert, weil nur der gegenwärtige Augenblick wirklich ist, und das Elend, das wir jetzt empfinden, werde von einer Entscheidung verursacht, die wir in der Gegenwart treffen. Unsere Entscheidung, ein Opfer zu bleiben und diesen Zustand zu rechtfertigen, bedeutet, daß wir nicht anzuschauen brauchen, daß wir in der Tat für alle unsere Gefühle verantwortlich sind. Niemand kann uns den Frieden wegnehmen außer wir selbst. Es ist, als würden wir jeden Morgen aufwachen und ein inneres Tonband anstellen, das uns alle schmerzlichen Erinnerungen aus der Vergangenheit vorspielt. Täglich hören wir dieses Band wieder ab, und unser Gefühl des Opferseins wird verstärkt. Es ist nicht leicht zu begreifen, daß es unsere Entscheidung im jetzigen Augenblick ist, die die Krankheit fortbestehen läßt, und nicht unsere vergangene Lebensgeschichte voller Traumen und Mißbrauch. Die ständig abgespulte Vergangenheit läßt unser Ego sehr wirklich erscheinen und hindert uns daran, des HEILIGEN GEISTES in unserem Geist gewahr zu sein. Wie es im Kurs heißt: »Alle Formen von Krankheit, sogar bis zum Tod hin, sind körperliche Äußerungen der Angst vor dem Erwachen« (T-8.IX.3:2).

Warum Krankheit wählen?

Im ersten Moment erscheint der Gedanke wahnsinnig, daß wir krank sein wollen. Im Kurs heißt es jedoch, daß das Ego einen Wert im Schmerz sieht. Der Schmerz verleiht dem Körper – und damit dem Ego – Wirklichkeit.

Krankheit ist Isolation. Denn sie scheint ein Selbst von allen andern getrennt zu halten, um zu erleiden, was die anderen nicht fühlen. Sie gibt dem Körper die endgültige Macht, der Trennung Wirklichkeit zu verleihen und den Geist in Einzelhaft zu lassen, abgespalten und in Stücken gehalten durch eine massive Mauer erkrankten Fleisches, die er nicht überwinden kann.

Ü-137.2

Lektion 136 trägt die Überschrift: »Krankheit ist eine Abwehr gegen die Wahrheit« (siehe auch Abb. 4.3). Darin wird beschrieben, wie das Ego sich dadurch zu schützen sucht, daß es uns empfiehlt, krank zu werden, wenn wir der Wahrheit zu nahe kommen. Ein Beispiel: Die Zeit ist gekommen, in der Sie spüren, daß Sie eine Beziehung beenden sollten. Sie denken, sie hätten die Lektionen gelernt, die sie Ihnen bot, und könnten nun in Frieden gehen. Sie meinen, die Trennung sei bestimmt auch zum Besten Ihres Partners, da sie zu Ihrem Besten ist. Ihr Partner ist damit jedoch möglicherweise überhaupt nicht einverstanden und hat große Angst, Sie zu verlieren. Die Wachstumsmöglichkeit, die sich ihm jetzt bietet, wird als Bedrohung empfunden, und Ihr Partner wählt unter Umständen die Krankheit als »Abwehr gegen die Wahrheit«. Das Augenmerk richtet sich unverzüglich von der Ursache (dem Geist) weg auf die Wirkung (den Körper). Das Problem wird jetzt anderswo gesehen, und die »Bedrohung« durch geistiges Wachstum ist gebannt. Das Ego des Partners flüstert ihm wohl auch

95

> **»Krankheit ist eine Abwehr gegen die Wahrheit«**
> (Überschrift von Lektion 136)

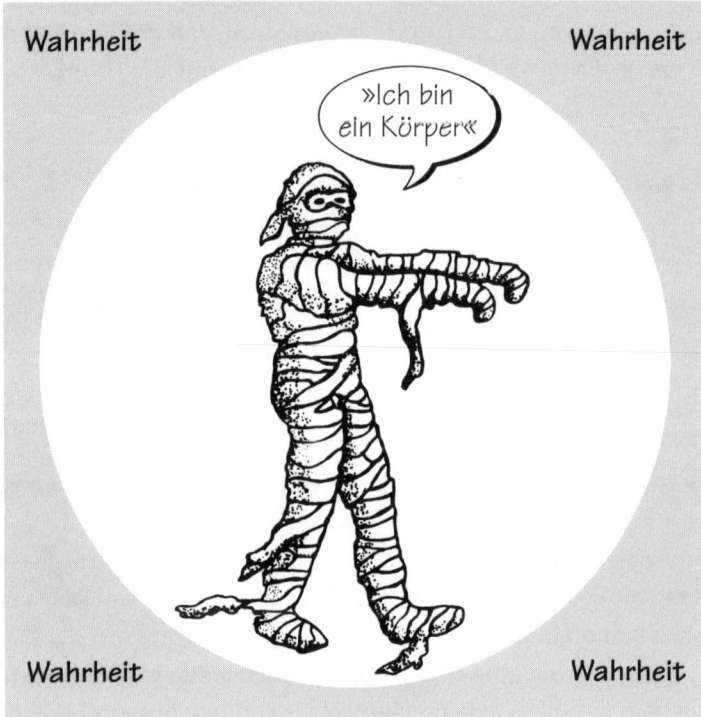

Abb. 4.3

> »Krankheit ist eine Entscheidung. Sie ist nicht ein Ding, das dir geschieht, völlig ungebeten, etwas, was dich schwächt und was dir Leiden bringt. Sie ist eine Entscheidung, die du triffst, ein Plan, den du entwirfst, wenn die Wahrheit einen Augenblick lang in deinem eigenen irregeführten Geist aufsteigt und deine ganze Welt zu wanken scheint und sich anschickt zu zerfallen. Jetzt bist du krank, damit die Wahrheit weggehen möge und deine Einrichtungen nicht länger bedrohe.« Ü-I.136.7

zu, die Krankheit sei durch etwas oder jemanden in der Welt verursacht worden. In diesem Beispiel wären Sie der erste, der ihm einfiele.

Die Sprache enthält eine ganze Reihe von Ausdrücken, die besagen, daß nicht wir, sondern andere die Schuld an unserem Leiden tragen. Damit sagen wir GOTT, nicht wir verdienten es, bestraft zu werden, sondern sie. Sätze wie: »Du machst mich krank«, »du gehst mir auf den Wecker«, »laß mich zufrieden«, »du bist eine Nervensäge« usw. sind solche geläufigen Redewendungen, mit denen die Schuld jemand anderem zugeschoben wird. Die folgende Kursstelle zeigt das Bedürfnis des Ego, als unschuldiges Opfer dazustehen, sehr schön auf.

Ein krankes, leidendes Du stellt nur die Schuld deines Bruders dar, einen Zeugen, den du ausschickst, damit er die Verletzungen nicht vergesse, die er gegeben hat und denen er – das hast du dir geschworen – niemals entrinnen soll. Dieses kranke und jämmerliche Bild, das akzeptierst du, wenn es nur dazu dienen kann, ihn zu strafen. Die Kranken sind jedem gegenüber unbarmherzig, und durch Ansteckung suchen sie zu töten. Der Tod scheint ein einfacher Preis, wenn sie sagen können: »Sieh mich an, mein Bruder, durch deine Hand sterbe ich.« *Krankheit nämlich ist das Zeugnis seiner Schuld, und der Tod beweist, daß seine Fehler Sünden sind. Krankheit ist nur ein* »kleiner« *Tod, eine Form der Rache, die noch nicht total ist.*

T-27.I.4:3-8

Dieser Absatz steht auch in Zusammenhang mit einem späteren Abschnitt im Textbuch mit der Überschrift »Selbstkonzept und SELBST« (T-31.V), in dem die beiden Gesichter beschrieben werden, die wir der Welt zeigen. Wir entwickeln diese Gesichter während des Heranwachsens, und sie gleichen unserer CHRISTUS-Natur nicht im geringsten. Das erste ist ein

97

unschuldiges Gesicht, das wir in der Öffentlichkeit zur Schau tragen und das sich leicht über Dinge aufregt, die es als Ungerechtigkeiten, Leiden und Krankheiten in der Welt betrachtet. Wir identifizieren uns sehr mit diesem Selbstkonzept, denn es verbirgt die Schuld über das, was tiefer in uns begraben liegt. Dieses Gesicht »... glaubt, gut zu sein in einer bösen Welt« (T-31.V.2:9). Auch wenn das Gesicht der Unschuld Angriff auf andere nicht für richtig hält, greift es trotzdem zu seiner Selbstverteidigung an, wenn die Situation »es erfordert«. Dieses Gesicht begreift nicht, daß eine Situation keinen Angriff hervorrufen, sondern nur den Haß aufdecken kann, der bereits in unserem Geist liegt.

Unter diesem Gesicht des unschuldigen Opfers ist das Gesicht des Täters verborgen. Wir vermeiden es sorgfältig, dieses zweite Gesicht anzuschauen, das tief in uns versteckt liegt. Es verkündet: »... Ich bin das Ding, das du aus mir gemacht hast, und während du mich ansiehst, bist du – um dessentwillen, was ich bin – verurteilt« (T-31.V.5:3). Dieses Gesicht muß Menschen und Situationen finden, auf die es seine Schuld projizieren und so seine Unschuld wahren kann. Dem Ego ist jeder als Projektionsfläche für seine verborgene Schuld recht.

Solange die Ursache unserer Schuld in der Welt gesucht wird, stellen wir den Wahnsinn des Ego-Denksystems nie in Frage. Deshalb ist Krankheit für das Ego so nützlich. Sogar wenn wir uns dessen nicht bewußt sind, zeigt das zweite Gesicht stets mit dem Finger auf jemanden, wenn wir krank werden, und beschuldigt ihn, unsere Krankheit verursacht zu haben. Dieses Gesicht will Katastrophen, Aggression und Unfälle in der Welt sehen, damit es in seinem Gefühl als unschuldiges Opfer bestätigt wird. Die folgende Begebenheit, die mir eine Freundin erzählte, veranschaulicht dies aufs deutlichste.

Sally hat seit Jahren viele Reisen unternommen. Aber bei jedem Flug hat sie schreckliche Angst, wenn es zu schaukeln beginnt, auch wenn die Turbulenzen nur ganz leicht sind. Sie hatte sich über die Jahre auf die verschiedensten Weisen beraten lassen, um diesem Problem beizukommen, und war der Verzweiflung sehr nahe, da ihre Angst vor Turbulenzen ständig zugenommen hatte. Sally ist Kurs-Schülerin, und als wieder einmal während eines Fluges Turbulenzen angesagt wurden, wandte sie sich nach innen und bat Jesus, ihr verstehen zu helfen, weshalb sie solche Angst hatte. Die Antwort kam unverzüglich und ganz deutlich:»Du willst, daß dieses Flugzeug abstürzt – so groß ist der Opferteil in dir.« Sally sagte, daß sie sofort wußte, daß das stimmte. Sie hat noch immer Flugangst und weiß, daß sie noch nicht bereit ist, sie loszulassen, aber jetzt weiß sie, daß sie diese Angst dazu verwendet, die Liebe Jesu von sich fernzuhalten.

Der Wunsch, ein Opfer zu sein, vergrößert nur unsere Schuld und verstärkt unseren Glauben an das Ego. Im Kurs heißt es, wir würden gerne an einer Krankheit sterben, wenn wir uns davon erhoffen könnten, daß sich ein anderer schuldig fühlt. Das Ego schreckt vor nichts zurück, damit wir auf Kosten anderer unschuldig erscheinen. Der HEILIGE GEIST reagiert mit der folgenden Frage auf diesen Wahnsinn:»Willst du lieber recht haben oder glücklich sein?«(T-29.VII.1:9). Recht haben heißt, daß dem Ego-Denksystem der Trennung Wirklichkeit verliehen und die Folgen des Alleinseins und Angsthabens getragen werden. Unrecht haben heißt, unseren Glauben, wir seien unschuldige Opfer, zu hinterfragen und anzufangen, mit der Hilfe des HEILIGEN GEISTES die Illusionen in unserem Geist anzuschauen.

Auch wenn wir uns große Mühe geben, unser Schuldgefühl dadurch loszuwerden, daß wir andere finden, auf die wir es projizieren können, glauben wir im Innersten nicht, daß das funktioniert. Am Ende wird GOTT uns dennoch finden und uns die geschuldete und gerechte Strafe für unsere Sünden abverlangen. Wieder sagt uns das Ego, es sei von Vorteil, krank zu werden, denn wir könnten die Krankheit dazu verwenden, uns vor dem vollen Ausmaß von GOTTES Zorn zu schützen. Wie es im Kurs heißt: »Das Ego glaubt, daß es GOTTES Bestrafung mildern kann, wenn es sich selbst bestraft« (T-5.V.5:6). Wir sagen GOTT also, wir wüßten, daß wir Sünder sind, und wir würden uns dadurch bestrafen, daß wir nur wenig Glück in unserem Leben zulassen und krank werden. So hoffen wir, GOTT mit unserer Buße zufriedenzustellen, damit ER uns nicht bestraft, denn SEINE Strafe würde uns vernichten.

Aus der Sicht des HEILIGEN GEISTES sind das alles nur Wahnvorstellungen von Menschen, die Alpträume träumen. Keine Sünden sind begangen worden, denn tatsächlich ist nichts in unserem dummen Traum der Trennung geschehen. Obwohl uns das alles auf sehr schmerzliche Weise wirklich erscheint, bietet uns der HEILIGE GEIST eine andere Sicht an, die wir in den folgenden Kapiteln betrachten wollen.

Jeder Wunsch nach geistigem Wachstum muß vom Ego angegriffen werden, denn es kennt keine andere Art der Reaktion. Es sucht sich selbst dadurch zu retten, daß es uns davor warnt, diesen Weg einzuschlagen, weil er gefährlich sei und schließlich zu unserer Zerstörung führe. Wir wollen nach Hause zu GOTT, aber das Ego sagt uns, das sei unmöglich, denn wir hätten unser Zuhause zerstört und einen zornigen GOTT zurückgelassen. Die Geschichte Jesu vom verlorenen Sohn veranschaulicht das deutlich; es ist die Geschichte eines jeden von uns. Wir sind es leid, im Schweinestall zu leben, haben aber auch Angst, nach Hause zu gehen. Wenn wir Mut fassen und nach Hause zurückkehren, erwartet uns dort ein Festmahl und ein liebender VATER.

Die folgende Begebenheit zeigt sowohl die Angst und den Widerstand auf, die wir auf dem spirituellen Weg erleben, als auch die Hilfe, die ständig für uns da ist.

David war zum erstenmal in Findhorn; er hatte sich für die »Erfahrungswoche« angemeldet. In einer solchen Woche wird Findhorn den Neuankömmlingen vorgestellt, und an einem Nachmittag werden Gruppenspiele gespielt und Übungen gemacht. In einer dieser Übungen wurde die Gruppe in Paare aufgeteilt, wobei einer nach dem anderen seinen Partner, der als zusammengerolltes Päckchen auf dem Boden lag, langsam aufrollte. Es kann einen tief berühren, wenn jemand einen sanft und liebevoll aus einer geschützten und abwehrenden Haltung herausholt. In Davids Fall war es so, daß er ein Gefühl im Beckenbereich hatte, als sei eine lange dort verschlossene Energie freigesetzt worden. Als diese Kraft seinen Magen erreicht hatte, beschloß er, den Vorgang zu unterbrechen, so daß die Energie dort eingesperrt blieb.

Zwei Wochen danach kam David zu mir. Er sagte mir, er sei seit jener Übung einfach steckengeblieben. Er meinte, es fühle sich wie eine Verstopfung an und er wisse, daß er damals etwas in sich abgeblockt habe. Es erinnerte ihn an das tiefsitzende Gefühl, das er mit sich herumtrug, daß er sich ganz allgemein in seinem Leben blockiert und gehemmt fühlte. David war etwa achtzehn Jahre alt und von Natur aus empfindsam und fürsorglich. Während er redete, spürte ich, daß ein Teil ihn daran hinderte, sein Leben voll und ganz zu leben. Er war sich über seine Anwesenheit auf diesem Planeten und den Zweck seines Lebens nicht im klaren. Wir begannen eine Heilungssitzung, und während der Entspannung nahm er spontan wieder die eng eingerollte Fötuslage der Übung ein, die er zwei Wochen zuvor mitgemacht hatte. Er sagte, er sei bis zu seiner Geburt zurückgekehrt. Beim Wiedererleben der Geburt merkte er, wie er sich heftig dagegen sträubte, hierherzukommen. Er hatte in jenem Augenblick beschlossen, er würde sich dieser Welt und allem, wofür sie stand, widersetzen.

David hatte nicht gemerkt, daß er in die Falle gegangen war, »dem Fehler Wirklichkeit zu verleihen«, und daß er auf die Stimme seines Ego hörte. Er war bereit gewesen, seinen neuen Lebenszweck und die Lektionen aufzugeben, die er trotz dem, was er als eine harte und grausame Welt wahrnahm, zu lernen beschlossen hatte. David hatte Angst vor dieser Erfahrung und hatte sein empfindsames Wesen dadurch zu schützen versucht, daß er beschloß, sich seelisch abzukapseln. Ich konnte gut verstehen, was er empfand, weil ich ihm vieles nachfühlen konnte.

In der Schrift *Psychotherapie* wird betont, es würden sich diejenigen Klienten zu einem Therapeuten hingezogen fühlen, die zur Heilung des Therapeuten nötig sind, denn beide arbeiten am selben Thema, wenn auch in verschiedener Form.*

Da sagte David, es sei ihm jemand erschienen, der ihm riet, sich anders zu besinnen und das zu tun, wozu er hergekommen sei. Es wurde ihm gesagt, er habe zwei Wochen zuvor in der Aufrollübung die Erfahrung wiedererlebt, die er bei seiner Geburt gemacht hatte, als er sich selbst abblockte. Jetzt war David bereit, loszulassen und auf GOTTES Willen für ihn zu vertrauen. Als er seine strenge Kontrolle aufgab, spürte er sofort, wie die blockierte Energie durch seinen Körper nach oben drängte. Sein Körper fühlte sich nun viel lockerer an, besonders seine Beine, und er begann zu weinen. Nach der Sitzung gingen wir zusammen spazieren. Wir merkten beide, daß sich etwas in ihm verändert hatte. Er fühlte sich lebendiger, energischer und ungeschützter.

---

* Siehe »Die ideale Patient-Therapeut-Beziehung« in den *Ergänzungen zu Ein Kurs in Wundern.*

*Krankheit als eine Entscheidung des Geistes zu akzeptieren –
für einen Zweck, für den dieser den Körper benutzen möchte
– ist die Grundlage der Heilung. Und das gilt für Heilung in
allen Formen. Ein Patient entscheidet sich, daß dies so ist, und
er gesundet. Wenn er sich gegen die Gesundung entscheidet,
wird er nicht geheilt. Wer ist der Arzt? Nur der Geist des Patienten selbst. Das Ergebnis ist das, wovon er entscheidet, daß
es das Ergebnis sein soll. Besondere Mittel scheinen ihm zu
helfen, aber sie geben nur seiner eigenen Wahl eine Form. Er
wählt sie, um sein Verlangen in eine greifbare Form zu bringen. Und nur das tun sie und nichts anderes. Sie werden
eigentlich überhaupt nicht gebraucht. Der Patient könnte
einfach ohne ihre Hilfe aufstehen und sagen: »Ich brauche das
nicht.« Es gibt keine Form von Krankheit, die nicht sofort
geheilt wäre.*

H-5.II.2

GOTT vergibt nicht, weil ER nie verurteilt hat. Und es muß eine Verurteilung geben, bevor Vergebung nötig wird. Vergebung ist, was diese Welt dringend braucht, aber nur deswegen, weil es eine Welt der Illusionen ist. Diejenigen, die vergeben, befreien sich dadurch von Illusionen, während diejenigen, die Vergebung vorenthalten, sich an Illusionen binden. Genau wie du nur dich selbst verurteilst, vergibst du auch nur dir selbst.

Ein Kurs in Wundern
Ü-I.46.1

5
Uns selbst heilen

Wenn wir auf den Rat des Ego hin krank werden, verleugnen wir im nächsten Augenblick, diese Entscheidung getroffen zu haben. Ich kann mich gut an einen Fall erinnern, als ich mir der Wahlmöglichkeit bewußt wurde, krank zu werden oder nicht. Während ich eines Tages mit einigen Leuten im Gespräch war, bemerkte ich die ersten Anzeichen einer Erkältung. Als ich bei mir dachte, daß ich etwas dagegen einnehmen sollte, wurde ich mir einer »Stimme« bewußt, die sagte: »Paß auf! Wenn du das tust, könntest du deine Erkältung verlieren.« Erstaunt stellte ich fest, daß ein Teil von mir diese Erkältung wollte. Ich konnte auch die »Vorteile« des Krankwerdens erkennen. Ich sah mich in meinem Bett liegen, meine Lieblingsbücher um mich herum, die zu lesen ich nie die Zeit hatte. Außerdem würde ich dadurch Gelegenheit haben, mich von einer meiner Ansicht nach zu großen Arbeitsbelastung auszuruhen. Ich beschloß, eine bewußte Entscheidung zu treffen, krank oder gesund zu werden, nahm mir meinen Kalender vor und sah nach, welche Termine ich in den nächsten Tagen hatte. Nun, ich wollte doch lieber diese Termine einhalten, statt mich ins Bett zu legen, auch wenn meine Lieblingsbücher mich sehr lockten. Die nächsten Tage hatte ich leichte Anzeichen einer Erkältung, die mich nicht bei der Arbeit störten. In der Sprache des Kurses ausgedrückt, hatte ich ein Wunder gewählt. Dieses erlaubte mir, das Denksystem des Ego fallenzulassen, das mich als Opfer der Umstände bezeichnete, und statt dessen die Situation mit den Augen des Heiligen Geistes anzuschauen und mir selbst zu vergeben. Abbildung 5.1 veranschaulicht, daß der Entscheider stets die Wahl hat, wie er die Welt sehen will.

Wir schauen immer zuerst »nach innen« und projizieren dann das, was wir dort finden, auf die Situation in der Welt. Um uns selbst und anderen zu vergeben, müssen wir uns dafür entscheiden, mit dem Denksystem des Heiligen Geistes und nicht mit demjenigen des Ego zu schauen.

Eines Abends hatten Salice und ich kurz vor dem Zubettgehen eine Auseinandersetzung. Mein Ego sagte mir, ich sei ungerecht behandelt worden und solle mich dadurch von ihr abkehren, daß ich nicht mit ihr redete. Ihr Ego hatte Salice anscheinend denselben Rat gegeben, denn keiner sprach nun mit dem anderen. Ich stand auf und ging ins Badezimmer. Da lagen die Kärtchen mit den Übungsbuchlektionen, und ich zog spontan eins davon heraus. Die Lektionsüberschrift lautete: »Ich könnte statt dessen Frieden sehen« (Ü-I.34). Was diese Lektion bedeutete, war mir sofort klar, und gleichzeitig fiel mir ein anderer Satz aus dem Kurs ein: »Willst du lieber recht haben oder glücklich sein?« (T-29.VII.1:9). Einen Augenblick lang überlegte ich mir die beiden Alternativen und sagte mir dann: »Ich möchte lieber recht haben« und legte das Lektionskärtchen zurück. Ich fühlte mich elend, aber in meinem Schmerz gerechtfertigt, ging still wieder ins Bett und schlief ein.

Am nächsten Morgen wachte ich auf und fühlte mich immer noch von Salice getrennt, genauso wie sie sich von mir. Ich ging wieder ins Badezimmer und erinnerte mich, daß ich in der Nacht ein Lektionskärtchen gezogen hatte. Aus reiner Neugier las ich die Überschrift noch einmal: »Ich könnte statt

»Wahrnehmung wird durch Projektion erzeugt«

»Die Welt, die wir sehen, spiegelt lediglich unseren eigenen inneren Bezugsrahmen wider: die vorherrschenden Ideen, Wünsche und Gefühle in unserem Geist. ›Wahrnehmung wird durch Projektion erzeugt‹ (T-13.V.3:5). Erst schauen wir nach innen und entscheiden uns für die Art von Welt, die wir sehen wollen, und dann projizieren wir diese Welt nach außen und machen daraus die Wahrheit, wie wir sie sehen …

»Wahrnehmung wird durch Projektion erzeugt«

Entscheider

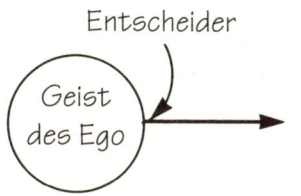

Geist des Ego

… Wir machen sie durch unsere Deutungen dessen, was wir sehen, wahr. Wenn wir die Wahrnehmung dazu verwenden, unsere eigenen Fehler – unseren Ärger, unsere Angriffsimpulse, unseren Mangel an Liebe in welcher Form auch immer – zu rechtfertigen, so werden wir eine Welt des Bösen, der Zerstörung, der Böswilligkeit, des Neides und der Verzweiflung sehen …

Die Ego-Welt der Opfer und Täter

»Wahrnehmung wird durch Projektion erzeugt«

Entscheider

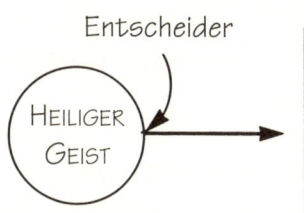

Heiliger Geist

… Das alles müssen wir vergeben lernen, und zwar nicht deshalb, weil wir ›gut‹ und ›barmherzig‹ sind, sondern weil das, was wir sehen, nicht wahr ist. Wir haben die Welt durch unsere verdrehten Abwehrmechanismen verzerrt und sehen deshalb etwas, was nicht vorhanden ist. Indem wir unsere Wahrnehmungsfehler erkennen lernen, lernen wir auch, über sie hinwegzusehen oder zu ›vergeben‹. Gleichzeitig vergeben wir uns selbst, indem wir über unsere verzerrten Selbstkonzepte zu dem Selbst blicken, das Gott in uns und als uns erschaffen hat.«   Vorwort zum Kurs, S. xix

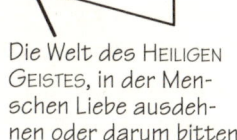

Die Welt des Heiligen Geistes, in der Menschen Liebe ausdehnen oder darum bitten

Abb. 5.1

dessen Frieden sehen«, und erinnerte mich an die Wahl, die ich hatte, recht zu haben oder glücklich zu sein. Ich spürte einen Impuls, Salice mitzuteilen, wie ich mich fühlte. Sie saß schweigend am Tisch, und ich setzte mich zu ihr und sagte: »Ich möchte dir sagen, daß ich mit meinem Anteil der Auseinandersetzung nicht sehr gut zurechtkomme.« Da fing Salice an zu weinen, und wir konnten einander aufrichtig sagen, was in uns vorgegangen war.

Jetzt konnte jeder die Ängste des anderen verstehen, und bald hatten sich gegenseitige Offenheit, Fürsorge und Zuneigung eingestellt. In die Sprache des Kurses übersetzt, hatten wir uns miteinander verbunden und fühlten uns in Frieden. In solchen Momenten frage ich mich immer, weshalb ich lieber recht haben und nicht glücklich sein will. Ich bin mir jedoch auch bewußt, daß es weniger lang dauert als früher, bis ich vergebe. Was mich früher tagelang aufregen konnte, dauert jetzt nur noch ein paar Stunden. Ich bin mir auch bewußt, daß mich einige Dinge, die mich früher schmerzten, heute nicht mehr berühren. Der Fortschritt auf dem spirituellen Weg läßt sich daran messen, wie oft wir täglich auf das Ego im Vergleich zur Stimme des Heiligen Geistes hören.

Am Ende wird nur noch der Heilige Geist unseren Geist erfüllen, und dann wird es keine Versuchung oder Wahl mehr geben, denn es wird keine zwei Stimmen mehr geben, zwischen denen es zu wählen gilt. Der Entscheider verschwindet mit dem Ego zusammen, und der Heilige Geist erfüllt unseren Geist mit der Liebe und Weisheit Gottes. Dann wissen wir einfach, was wir von Augenblick zu Augenblick zu tun haben. Im Kurs wird das als das Sein in der wirklichen Welt beschrieben, und das ist das Ziel des Kurses. Um dieses Ziel zu erreichen, müssen wir immer wieder Vergebung üben, bis wir schließlich erkennen, daß es nichts zu vergeben gibt.

*Vergib der Welt, und du wirst verstehen, daß alles, was
GOTT schuf, kein Ende haben kann und daß nichts wirklich ist,
was ER nicht schuf. Mit diesem einen Satz ist unser Kurs erklärt. Mit diesem einen Satz wird unserem Üben seine einzige Richtung gegeben. Und in diesem einen Satz ist des
HEILIGEN GEISTES ganzer Lehrplan ganz genau so bezeichnet,
wie er ist.*

H-20.5:7-10

Wie sollen wir vergeben?

*Es ist unmöglich, einem anderen zu vergeben, denn es sind
nur deine Sünden, die du in ihm siehst. Du willst sie dort sehen und nicht in dir. Deswegen ist Vergebung einem anderen
gegenüber eine Illusion.*

L-2.I.4:2-4

Wir können den Prozeß der Vergebung nur dadurch in Gang
bringen, daß wir erkennen, wie gleich wir dem Menschen sind,
dem wir vergeben wollen. Wenn wir jemandem nicht vergeben können, dann liegt es daran, daß wir uns für dasselbe nicht
vergeben können, auch wenn die Form möglicherweise anders
aussieht. So mag beispielsweise eine Frau die aggressiven
Wutausbrüche ihres Mannes nicht, hat jedoch nie solche Aus-
brüche. Sie mag den Ärger ihres Mannes nicht, weil er ihren eigenen spiegelt, den sie in sich nicht vergeben hat. Ihre Wut ist
zwar bestimmt so groß wie seine, nur nimmt sie eine andere
Form an. Wenn sie wütend ist, zieht sie sich vielleicht zurück
und schirmt sich gefühlsmäßig von anderen Menschen ab, wodurch sie ihre Wut erfolgreich verdrängt. Oder sie macht
ihrem Ärger aggressiv Luft, wenn sie allein ist. So kommt es
beispielsweise häufig vor, daß unsere Wut beim Autofahren
hochkommt, wenn jemand vor uns die Spur wechselt oder
plötzlich anhält; in der Sicherheit und Abgeschirmtheit des

Autos brüllen wir dann den anderen Fahrer an oder beschimpfen ihn.

Die Vergebung erkennt an, daß wir uns das, wovon wir dachten, es sei uns angetan worden, selbst angetan haben, denn nur wir allein können uns den Frieden GOTTES wegnehmen. Wie es im Kurs heißt, vergeben wir anderen das, was sie uns nicht angetan haben, und nicht etwas, was sie getan haben; wahre Vergebung erkennt, daß ein Angriff ein Ruf nach Liebe ist. Die Vergebung ist also ein Wechsel der Wahrnehmung. Unser einziges Problem ist der Glaube an die Trennung von GOTT. Die einzige Heilung für uns besteht darin, uns durch die Vergebung miteinander zu verbinden.

Die drei Schritte zur Vergebung

Kenneth Wapnick unterscheidet im Kurs drei Stufen oder Schritte auf dem Weg zur Vergebung, die mir für das Verständnis dessen, was Vergebung eigentlich ist, sehr hilfreich erscheinen. Ich habe diese Schritte als Grundlage für die folgenden Ausführungen über die Vergebung übernommen.

Zuerst müssen wir die Projektionen zurücknehmen, die wir auf die Welt übertragen haben, und die Verantwortung für unseren eigenen Schmerz übernehmen. Siehe dazu Abbildung 5.2.

Wir müssen damit aufhören, mit dem Finger auf Menschen und Umstände zu zeigen und ihnen die Schuld dafür zuzuschieben, daß wir verletzt sind, und einsehen, daß sie Spiegel derjenigen Bereiche in uns sind, die wir nicht geheilt und vergeben haben. Diese Menschen und Umstände verdienen im Gegenteil unseren Dank dafür, daß sie uns aufzeigen, was in unserem Unbewußten liegt. Ohne sie würden wir die Motive, die uns bewegen, gar nicht erkennen.

Der erste Schritt zur Vergebung

Abb. 5.2

*Das Geheimnis der Erlösung ist nur dies: Daß du dir dieses
selbst antust. Der Form des Angriffs völlig ungeachtet ist dies
dennoch wahr. Wer immer auch die Rolle von Feind und von
Angreifer übernimmt, dies ist trotzdem die Wahrheit. Was
immer auch die Ursache von irgendeinem Schmerz und Leiden, das du verspürst, zu sein scheint, dies ist dennoch wahr.
Denn du würdest gar nicht auf Figuren reagieren in einem
Traum, von dem du wüßtest, daß du ihn träumst. Laß sie so
haßerfüllt und so bösartig sein, wie sie nur wollen, sie könnten keine Wirkung auf dich haben, es sei denn, du versäum-
test zu begreifen, daß es dein Traum ist.*

T-27.VIII.10

Wir beschränken unsere Angriffe nicht nur auf Menschen, die
sich unangemessen verhalten und offensichtlich aus ihrem
Ego heraus handeln. Wir greifen oft auch Menschen an, die uns
nichts angetan haben. Kürzlich habe ich im Fernsehen einen
Dokumentarfilm über das Leben von Mao Tse-tung gesehen.
Während der Kulturrevolution hat er die Arbeiterschicht
dazu aufgerufen, Autoritätsfiguren zu suchen und zu verfol-
gen. In einem bestimmten Dorf konnten die Bewohner Maos
Befehl nicht nachkommen, weil sie den Großgrundbesitzer
schon einige Jahre zuvor getötet hatten. (Im Dokumentarfilm
wurde erwähnt, daß die Bauern über eine Million Großgrundbesitzer zu Beginn von Maos Herrschaft in China umgebracht
hatten.) Sie erinnerten sich jedoch daran, daß der Großgrundbesitzer einen Sohn hatte. Auch wenn dieser im Dorf keinerlei
Machtstellung innehatte oder Autorität besaß und wie einer
von ihnen lebte, setzten sie ihm nach und folterten ihn zu
Tode.

Diese Begebenheit verdeutlicht, wie unser Ego die Schuld
außerhalb von uns finden muß. Wir wollen Sünden in der Welt
sehen, damit wir etwas haben, an dem wir unsere Projektionen
aufhängen können. Wenn wir klar und deutlich sähen, wie

wahnsinnig das Ego-Denksystem ist, würden wir ihm nicht mehr folgen. Das Ego ist sich wohl bewußt, daß sein Fortbestand davon abhängt, daß wir nicht tief in unseren Geist schauen, und es rät uns, die Ursachen unseres Elends in der Welt zu suchen. Der Kurs erinnert uns: »Für das Ego *sind die Schuldlosen schuldig*« (T-13.II.4:2). GOTTES Macht an uns zu reißen, den HIMMEL zu zerschmettern und etwas anderes als GOTTES Schöpfung zu erfinden ist eine Sünde, und wir sollten uns dafür schuldig fühlen. Wenn wir uns – wie Jesus – nicht schuldig fühlen, widerlegen wir das Ego und sagen ihm, daß seine Erfindung eine Illusion ist. Das ist die größte Sünde, die wir dem Ego gegenüber begehen können, und sie verdient in den Augen des Ego den Tod. Deshalb wurde Jesus getötet, obwohl er niemandem etwas zuleide getan hatte.

Das Ego redet uns zu, alle anzugreifen, egal ob sie uns angegriffen haben oder nicht. Wir müssen Sünde in der Welt sehen, damit wir uns dem Ego-Denksystem in unserem eigenen Geist nicht stellen müssen. Deshalb sind die Zeitungen und Fernsehsendungen so voll von unerfreulichen Nachrichten. Wir wollen sie lesen und sehen, damit wir sagen können: »Das sind die Bösen, nicht ich. Sie verdienen GOTTES Strafe, nicht ich. Sie sind die Ursache des Leidens in der Welt, nicht ich.«

Wenn wir aktiv nach Feinden außerhalb von uns suchen, verstärken wir gleichzeitig die Schuld in unserem Geist, womit der Teufelskreis des Ego von Schuld und Angriff komplett ist. Es ist so schwierig, dieser Falle zu entgehen, daß wir es ohne die Hilfe des HEILIGEN GEISTES niemals schaffen würden. Bevor der HEILIGE GEIST unseren Geist heilen kann, müssen wir allerdings herausfinden, was geheilt werden muß. Wenn wir glauben, das Problem liege in der Welt und nicht in unserem Geist, kann der HEILIGE GEIST uns nicht helfen.

Und wenn wir erkennen, daß es niemanden und nichts außerhalb von uns gibt, die wir beschuldigen können, und daß das Problem in uns selbst liegt, gehen wir gewöhnlich in die nächste Falle und fühlen uns schuldig. Das liegt daran, daß wir uns dafür entscheiden, auf das Ego zu hören, das eine sehr schlechte Meinung von uns hat. Unser Ego sagt uns, wir sollten uns wegen unserer Sünden schuldig fühlen, denn damit nehmen wir die Welt der Trennung ernst. Es ist ganz leicht, in die Ego-Falle der Verurteilung zu gehen. Schuld erfordert immer Strafe, und diese verhindert, daß wir unseren Schmerz loslassen. Es ist unserem Ego egal, ob wir die Welt oder uns für unser Unglücklichsein beschuldigen. So oder so verstärken wir unseren Glauben an das Ego-Denksystem, und sein Überleben ist das einzige, woran ihm etwas liegt.

Im zweiten Schritt zur Vergebung (Abbildung 5.3) wird uns langsam klar, wie lieb uns unsere Schuld ist. Es erscheint uns als ein Opfer, uns nicht als Opfer rechtfertigen zu können, und wir möchten an unserem Ärger, unserer Eifersucht oder Gier festhalten.

Auch wenn die Schuld schmerzhaft ist, ist sie uns doch vertraut und lieber, als mehr Verantwortung für uns selbst zu übernehmen, was wir tun müßten, wenn wir unsere Neigung zum Opfersein verlören. Jetzt können wir aber die Wahl treffen und uns dafür entscheiden, daß die Schuld uns keine Dienste mehr leistet und wir sie aufgehoben haben möchten. Da wir uns jedoch so sehr mit unserem falschen Ego-Selbst identifiziert haben, wissen wir nicht, wie wir unsere Schuld aufheben sollen. Stellen wir uns zum Beispiel ein Paar in einer Eifersuchtsszene vor.

Die Frau ärgert sich über ihren Mann, weil er so eifersüchtig ist. Er leugnet, eifersüchtig zu sein, und sagt, das, was sie als seine Gefühlsausbrüche wahrnehme, sei nur seine Liebe zu ihr. Obwohl sich seine Frau oft über seine besitzergreifende Art aufregt, freut sie sich unbewußt darüber und versteht die Tatsache, daß er sie braucht, als Liebe. Eines Tages erkennt der

Der zweite Schritt zur Vergebung

Abb. 5.3

Mann, daß seine eigene Unsicherheit ihn eifersüchtig gemacht hat und seine Frau nicht an seinem Unglücklichsein schuld ist. Er begreift auch, daß sich seine Frau, wenn er sich selbst vergibt und seine Eifersucht fallenläßt, vielleicht in die Enge getrieben fühlen und glauben könnte, seine »Liebe« zu verlieren, so daß die Beziehung damit möglicherweise endet. An diesem Punkt eilt sein Ego herbei und legt ihm nahe, er solle doch seine Eifersucht behalten, denn sonst könnte er alles verlieren.

Der Mann ist jetzt in einer schwierigen Lage, denn seine Eifersucht aufzugeben kommt ihm wie ein Opfer vor. Den zweiten Schritt zur Vergebung zu tun ist also manchmal schwieriger, als die Einsicht beim ersten zu haben. Wenn er aber beschließt, auf den HEILIGEN GEIST zu hören, erkennt er auch, daß die Heilung seiner eifersüchtigen Art ihn auf dem Weg zum Frieden weiterbringt. Vielleicht trennt sich seine Frau von ihm, aber er hat den Weg geebnet, mit Menschen zusammenzusein, die Eifersucht nicht für Liebe halten.

Die kleine Bereitwilligkeit, unsere Wahrnehmung zu ändern und zu verschieben, öffnet die Tür für den dritten Schritt zur Vergebung. Bei diesem dritten Schritt hebt der HEILIGE GEIST unsere Schuld auf, wenn wir SEIN Licht und SEINEN Frieden unsere Schuld hinwegleuchten lassen. Im folgenden Gebet aus dem Kurs sind die drei Schritte zur Vergebung enthalten. Im Kurs werden wir ermahnt, es jedesmal zu verwenden, wenn wir nicht froh sind.

Ich muß mich falsch entschieden haben, weil ich nicht in Frieden bin.
Ich habe die Entscheidung selbst getroffen, kann mich aber auch anders entscheiden.
Ich will mich anders entscheiden, weil ich in Frieden sein will.
Ich fühle mich nicht schuldig, weil der HEILIGE GEIST alle Folgen meiner Fehlentscheidung aufheben wird, wenn ich IHN nur lasse.
Ich beschließe, IHN das tun zu lassen, indem ich IHM gestatte, für mich die Entscheidung für GOTT zu treffen.

T-5.VII.6:7-11

Die ersten beiden Sätze dieses Gebets beschreiben den ersten Schritt zur Vergebung und daß wir die Verantwortung für unsere Gefühle selbst übernehmen müssen. Wenn unser Frieden verloren ist, dann liegt es daran, daß wir ihn weggegeben haben, und nicht, daß er uns weggenommen wurde. Der dritte Satz des Zitats entspricht dem zweiten Schritt zur Vergebung, bei dem die Entscheidung getroffen wird, unsere Sünden als Fehler anzusehen, die berichtigt werden können. Bei diesem Schritt hören wir auf, auf die Ansicht unseres Ego zu hören – wir seien schuldig und würden Strafe verdienen –, und treffen statt dessen die Wahl, unsere Fehler heilen zu lassen. Der letzte Satz beschreibt, wie der HEILIGE GEIST unseren Geist heilt, wenn wir ihn dazu eingeladen haben. Siehe Abbildung 5.4.

Die ersten beiden Schritte in diesem Vergebungsprozeß tun wir. Beim ersten Schritt nehmen wir unsere Projektionen zurück und hören auf, die Welt zu verurteilen. Beim zweiten Schritt hören wir auf, uns selbst zu verurteilen, und bitten um Hilfe. Das öffnet die Tür für den dritten Schritt, den der HEILIGE GEIST tut. Wir haben SEIN Licht in die Dunkelheit unserer Schuld hereingebeten, und er leuchtet sie durch SEINE Anwesenheit hinweg, genau wie ein dunkler Raum auch nicht dunkel bleibt, wenn Licht hereingetragen wird. Diese Analogie hilft uns verstehen, daß das Licht wirklich ist und daß Dunkelheit nur die Abwesenheit von Licht ist. Wir können nicht eine »Lampe der Dunkelheit« in einen erleuchteten Raum tragen und den Raum verdunkeln, aber wir können ein Licht in ein dunkles Zimmer tragen und es erhellen.

Jedesmal, wenn wir dazu bereit sind, den HEILIGEN GEIST in unseren Geist einzulassen, muß die Ego-Welt der Dunkelheit in das Nichts verschwinden, aus dem sie eigentlich besteht. Es ist oft schwer, sich daran zu erinnern, daß die Liebe des HEILIGEN GEISTES immer auf einen ehrlichen Hilferuf wartet, um darauf antworten zu können. Wir gehen immer wieder in die Falle, unsere Probleme selbst lösen zu wollen. Unser Ego glaubt felsenfest, es wisse, wie das zu bewerkstelligen sei. Im Gegensatz dazu heißt es im Kurs, das Ego könne nur Probleme

Der dritte Schritt zur Vergebung

HEILIGER
GEIST

Abb. 5.4

»Der HEILIGE GEIST bittet dich nur darum: Bringe jedes Geheimnis zu IHM, das du vor IHM weggeschlossen hast. Öffne IHM jede Tür und bitte IHN, in die Dunkelheit einzutreten und sie wegzuleuchten. Auf deine Bitte tritt ER freudig ein. ER bringt das Licht in die Dunkelheit, wenn du IHM die Dunkelheit öffnest.«   T-14.VII.6:1-4 schaffen und wir bräuchten Hilfe von außerhalb seines Denksystems, wenn wir Frieden haben wollten. Der dritte Schritt zur Vergebung erinnert uns daran, daß uns nur der HEILIGE GEIST helfen kann. Wir sind nur dafür verantwortlich, zu verstehen, daß wir unseren Frieden weggegeben haben und daß die Fehler in unserem Denken vom HEILIGEN GEIST berichtigt werden können, wenn wir IHN dazu einladen.

Ich hatte vor einiger Zeit ein Erlebnis, das die erwähnten drei Schritte zur Vergebung veranschaulicht. Zwei Tage lang hatte mich etwas in meinem Brustkorb geschmerzt. Ich kannte den Schmerz, da ich ihn in meinem Leben immer wieder gespürt hatte. Er tauchte jeweils auf, wenn ich glaubte, ungerecht behandelt worden zu sein, und manchmal hielt er drei Tage lang an. Der Schmerz bedrückte mich und war von einem tiefen Trauer- und Schweregefühl begleitet. Während ich auf meinem Bett lag und mich fragte, weshalb ich das alles wieder einmal erlebte, beschloß ich, mir ehrlich alle »Vorteile« anzuschauen, die ich mir aus dem Festhalten am Schmerz versprach.

Diese neue Bereitwilligkeit, mich selbst anzuschauen, offenbarte mir sehr rasch die süße Lust des Selbstmitleids und das Verlangen, mein Herz zu verschließen, damit man nicht von mir verlangte, anderen soviel zu geben. Ich fühlte im Innersten, daß ich diesen Schmerz nicht mehr mit mir herumtragen wollte und bereit war, ihn loszulassen und die vermehrte Selbstverantwortung zu akzeptieren, die mir nun nicht mehr wie ein Opfer erschien. Er diente mir jetzt nicht mehr, ich konnte ihn also weggeben. Ich lenkte meine Aufmerksamkeit und Anerkennung wieder zu meinem Herzen zurück, bot den Schmerz dem HEILIGEN GEIST an und bat IHN, ihn anzunehmen, im Wissen, daß ER sich darüber freuen würde. Zu meinem eigenen Erstaunen verschwand der Schmerz in weniger als einer Minute. Ich fürchtete, daß er jeden Augenblick wiederkehren könnte. Aber das tat er nicht, und ich habe nie wieder so lange Schmerzen im Brustbereich verspürt.

Ich erinnere mich an Slogans auf Werbeplakaten wie: »Werft eure Sorgen auf den Herrn« (1.Petr. 5,7). Ich dachte immer, das sei völlig unmöglich, und war mir sicher, daß es nicht funktionieren würde. Sicherlich lag es an mir, alles in meinem Leben zu lösen. Als meine Wahrnehmung und mein Gewahrsein des HEILIGEN GEISTES zunahmen, wurde mir klar, wie groß SEINE Liebe zu uns sein muß, und daß ER alles, was wir tun, wie eine Mutter betrachtet, die sieht, daß ihr Kind einen Alptraum hat. Sie würde nicht versuchen, ihr Kind wegen des Inhalts seines Alptraumes zu verurteilen, sondern nach einer Möglichkeit suchen, das Kind sanft aufzuwecken. Wieviel lieber würde GOTT unsere selbsterzeugten Alpträume wegnehmen, wenn wir IHN nur ließen. Um Vergebung zu üben, müssen wir erst einmal damit aufhören, die Welt zu verurteilen, und dann aufhören, uns selbst zu verurteilen. Dann nimmt die Abwehr unseres Ego ab, und die Liebe und das Licht des HEILIGEN GEISTES leuchten automatisch unsere Schuld hinweg.

Wenn wir uns gestatten, aus unseren Ego-Alpträumen aufzuwachen, indem wir Vergebung üben, entdecken wir, daß wir nach wie vor so sind, wie GOTT uns schuf, vollkommen und ewig, und daß uns nichts verletzen kann. Was gibt es dann noch zu vergeben? Wie es im Kurs heißt: »Und daß du in vollständiger Vergebung, in welcher du begreifst, daß es nichts zu vergeben gibt, vollständig freigesprochen bist« (T-15.VIII.1:7). Diese Einsicht, daß die Vergebung eine Illusion ist, findet erst am Ende des Vergebungsprozesses statt. Solange wir getrennt von GOTT zu sein glauben, ist die Vergebung eine hilfreiche Illusion, die uns aus allen Illusionen weckt.

Der Widerstand gegen die Vergebung

Oft glauben Menschen, die gerade erst mit *Ein Kurs in Wundern* angefangen haben, daß es friedlicher in ihrem Leben wird, wenn sie dessen Lehren anzuwenden beginnen. Das ist jedoch nicht immer der Fall; vielmehr kann es so aussehen, als würden die Dinge schlimmer statt besser. Bevor sie die Grundsätze des Kurses anwandten, waren sie wahrscheinlich dem Rat des Ego gefolgt und hatten Schuldgefühle verleugnet und auf andere projiziert. Jetzt versuchen sie, ihr Unbewußtes bewußtzumachen, womit der Prozeß des Aufhebens der Verleugnung einsetzt, was ihre Schuld zum Licht des HEILIGEN GEISTES bringt, der sie vergeben kann. Sich der Dunkelheit des Ego im Geist bewußt zu werden ist nicht einfach.

Die Grundsätze der Vergebung, wie sie im Kurs beschrieben werden, sind recht einfach zu verstehen, und es lohnt sich sehr, sie anzuwenden. Es trifft auch zu, daß die meisten es sehr schwer finden, ihren Schmerz zuzugeben und um Hilfe zu bitten. Damit wir besser verstehen, weshalb das so ist, wird im Kurs ausführlich erklärt, wie subtil und hinterlistig das Ego eigentlich ist. Allermeistens ist uns seine Vorgehensweise nicht bewußt, weil wir eine Mauer der Verleugnung aufgerichtet haben. Im Kurs werden wir aufgefordert, hinter diese Mauer zu schauen und mit der Zeit still über das, was wir dort vorfinden, lächeln zu lernen.

Wenn wir Vergebung üben, lernen wir gleichzeitig, das Ego weniger wichtig zu nehmen. Da wir uns so sehr mit dem Denksystem des Ego identifizieren, sieht es so aus, als würden wir etwas opfern, was uns sehr lieb ist. Wenn wir unsere Dunkelheit (die Illusionen) dem Licht (der Wahrheit) überbringen, erleben wir »Phasen des Ins-Wanken-Bringens«, wie es im Kurs heißt (H-4.I.A.7:1). Das sind Zeiten des Unbehagens und der Ängste, die wir notgedrungen im Verlauf des Wechsels vom

Denksystem des Ego (der Falschgesinntheit) zum Denksystem des HEILIGEN GEISTES (der Rechtgesinntheit) durchlaufen.

> *Zuerst müssen sie etwas durchlaufen, das »eine Phase des Aufhebens« genannt werden könnte. Das braucht nicht schmerzhaft zu sein, wird aber gewöhnlich so erfahren. Es scheint, als würden Dinge weggenommen, und anfangs wird selten verstanden, daß lediglich ihr Mangel an Wert begriffen wird.*
>
> H-4.I.A.3:1-3

Dieses Zitat stammt aus einem Abschnitt, in dem die sechs Stufen der Entwicklung des Vertrauens beschrieben werden. Jesus sagt uns, vier dieser Stufen würden gewöhnlich als schwierig erlebt, und demnach sollten wir die Anforderungen, die das spirituelle Wachstum an uns stellt, nicht unterschätzen.

Es ist ganz nützlich, unsere Investition in das Ego und in das, was es uns zu bieten scheint, näher anzusehen. Wenn wir anfangen, die »Gaben« zu hinterfragen, die es uns anbietet, wird es leichter, Vergebung zu üben. Unser Ego sagt uns, wir seien der wichtigste Mensch auf der Welt. Wir haben besondere Bedürfnisse, die befriedigt werden müssen, und wir glauben, alle Mittel dazu seien gerechtfertigt. Im Kurs heißt es, diese Rechtfertigung stamme aus einem wahnsinnigen Glauben tief in unserem Unbewußten. Dieser Glaube besagt, wir würden der Dinge ermangeln, die wir brauchen, weil sie uns gestohlen wurden (siehe »Die Gesetze des Chaos« im 23. Kapitel des Textbuches). Dieser Gedanke rechtfertigt die Verwendung aller Mittel, um das zurückzubekommen, was rechtens sowieso uns gehört. Die Vergebung lehrt das Gegenteil und besagt, wir hätten die Erinnerung an unsere spirituelle Wirklichkeit im Tausch gegen die Erfahrung einer persönlichen Einzigartigkeit weggegeben, für das Bedürfnis, besonders und anders als die andern zu sein.

Als wir uns dazu entschieden, unseren wahren Zustand der Einheit im EINEN GEIST GOTTES zu vergessen, folgten darauf notgedrungen Wettbewerb und Urteil. Um ein Gefühl der Individualität aufrechtzuerhalten, müssen wir uns ständig mit anderen vergleichen und nach Unterschieden suchen. Wenn wir jemanden kennenlernen, der irgendwie besser zu sein scheint als wir, müssen wir ihn zu unserem Feind machen oder ihn auf einen Sockel stellen und so tun, als ob wir zu ihm aufschauten. Auf einer tieferen Ebene unseres Geistes aber hassen wir ihn, weil er besser ist. Im Kurs heißt es:»Nur die Besonderen können Feinde haben, denn sie sind verschieden und nicht dasselbe. Und jede Art von Unterschied zwingt Rangordnungen der Wirklichkeit auf und ein Bedürfnis zu urteilen, dem nicht entronnen werden kann« (T-24.I.3:5-6). Wenn wir jemandem begegnen, den wir für geringer halten, dann wollen wir, daß dieser Mensch so bleibt, wie er ist, damit wir im Vergleich überlegener erscheinen. Im Kurs wird dieses dynamische Prinzip folgendermaßen beschrieben:

Gegen die Kleinheit, die du in ihm siehst, stehst du groß und stattlich da, rein und ehrlich, lauter und unbefleckt im Vergleich zu dem, was du siehst. Und du verstehst nicht, daß du es selbst bist, den du auf diese Weise kleinmachst.

T-24.II.1:6-7

Dieser Absatz erinnert uns daran, daß wir auch uns selbst angreifen, wenn wir vergleichen und unsere Brüder angreifen. Unsere Angriffe drehen sich immer um den Körper oder das Verhalten eines anderen, und damit wird unser Glaube an die Wirklichkeit des Körpers verstärkt und unser Gewahrsein des Geistes geschwächt.

Im Kurs heißt es:»Du widersetzt dich diesem Kurs, weil er dich lehrt, daß du und dein Bruder gleich seid« (T-24.I.8:6). Die Vergebung lehrt, daß unsere Egos alle gleich sind, genauso wie unsere CHRISTUS-Natur. Das ist das letzte, was unser Ego hören will. Damit das Ego seinen Wunsch nach Besonderheit beibehalten kann, muß es Unterschiede zwischen sich und anderen wahrnehmen. Wenn jemand auf eine Party geht, will er auf gar keinen Fall jemanden dort antreffen, der gleich gekleidet ist wie er.

Unser ursprünglicher Wunsch, von GOTT getrennt und anders als ER zu sein, findet seine Fortsetzung in unserem beständigen Wunsch, von anderen getrennt zu sein. Die Vergebung möchte diesen Gedanken aufheben und am Ende das Gewahrsein unseres Einsseins miteinander und mit GOTT wieder wecken. Das betrachtet unser Ego als Verrat, der Strafe verdient. Das Einssein wieder in unser Gewahrsein anzunehmen bedeutet den Tod des Ego, und dagegen muß es sich mit allen Mitteln wehren.

Das Ego läßt sich von allem täuschen, was du tust, besonders wenn du auf den HEILIGEN GEIST reagierst, weil seine Verwirrung in solchen Zeiten zunimmt. Daher wird das Ego dich wahrscheinlich besonders dann angreifen, wenn du liebevoll reagierst, weil es dich als lieblos bewertet hat und du seiner Bewertung zuwiderläufst. Das Ego wird deine Beweggründe angreifen, sobald sie mit seiner Wahrnehmung von dir eindeutig nicht mehr übereinstimmen. Genau an diesem Punkt wird es unvermittelt von Argwohn zu Bösartigkeit wechseln, da seine Ungewißheit sich vermehrt hat.

T-9.VII.4:4-7

So mag es Tage geben, an denen wir für die Liebe des HEILIGEN GEISTES zugänglich sind und ein tiefes Gefühl des Friedens und Wohlbefindens empfinden und womöglich glauben, dieser Zustand würde ewig währen. Aber am nächsten Tag wachen wir vielleicht deprimiert auf, fühlen uns einsam und fragen uns, weswegen plötzlich alles so anders ist. Damit dieser

Wechsel stattfinden kann, muß unser Ego uns davon überzeugen, daß es gefährlich ist, weiterhin auf den HEILIGEN GEIST zu hören. Das Ego erinnert uns daran, daß es sicherer ist, so zu bleiben, wie wir sind, da eine Veränderung ein Opfer von uns fordert und, schlimmer noch, da ein rächender GOTT uns am Ende unserer Reise erwartet, der uns für unsere zahlreichen Sünden bestrafen will. Es sagt uns, wir müßten alle Schrecken und alle Dunkelheit in unserem Geist anschauen, wenn wir den Weg der Vergebung weitergehen, und wir würden diese Erfahrung nicht überleben. Den Vergebungsweg zu gehen ist nicht einfach, aber daß die Reise gelingt, wird uns von GOTT verbürgt, weil es SEIN Wille ist, daß wir zu IHM zurückkehren.

Falsche Vergebung

Keine HIMMELSgabe ist mehr mißverstanden worden als die Vergebung. Zu einer Geißel ist sie in der Tat geworden, zu einem Fluch, dort, wo sie segnen sollte, zu einer grausamen Farce der Gnade, zu einer Parodie auf GOTTES heiligen Frieden.

L-2.I.1:1-2

Im *Lied des Gebets* werden einige falsche Vorstellungen über die Vergebung aufgeführt und als »Vergebung-zum-Zerstören« bezeichnet (L-2.II). Zuerst gibt es die Form der Vergebung, die man selbstgerecht nennen könnte. Darin nimmt der Gekränkte eine Haltung geistiger Überlegenheit und scheinbarer Nächstenliebe ein und beschließt, dem Geringeren, der ihn gekränkt hat, zu »vergeben«. Eigentlich sagt er jedoch: »In meiner Herzensgüte vergebe ich dir das, was du mir angetan hast, aber tu es ja nicht wieder.« In dieser Form der Vergebung sieht der »Vergebende« nicht, daß das Problem in ihm liegt, und er läßt sich eine Gelegenheit entgehen, das in sich selbst zu heilen, was der andere ihm als Spiegelbild zeigt.

> *Vergebung-zum-Zerstören nimmt viele Formen an, da sie*
> *eine Waffe der Welt der Formen ist. Nicht alle davon sind*
> *offensichtlich, und einige sind sorgfältig unter etwas verbor-*
> *gen, was aussieht wie Barmherzigkeit.*

L-2.II.1:1-2

Eine andere Form falscher Vergebung könnte man als diejenige des »heiligen Märtyrers« bezeichnen. In dieser Form glaubt
jemand, er sei ein Sünder und verdiene die Strafe GOTTES, die
er anscheinend mit Demut und ohne Selbstverteidigung akzeptiert. Damit wird jedoch der Glaube an das Ego und nicht
an GOTT bezeugt, denn nur das Ego sagt uns, wir hätten gesündigt. Vielleicht versuchen wir sogar aktiv, Märtyrer zu
werden, damit wir andern unsere »Heiligkeit« vor Augen
führen können. Hinter der Fassade der lächelnden Akzeptanz
jedoch liegen Ärger und Bitterkeit, die wir dem andern gegenüber empfinden. Somit verwendet das Ego die falsche Vergebung dazu, unseren Glauben an es zu stärken.

Eine weitere Form der »Vergebung-zum-Zerstören« beruht
auf Handel und Kompromiß. Solange der andere die meisten
unserer Ego-Bedürfnisse befriedigt, sind wir bereit, seine Vergehen gegen uns zu vergeben. Wenn unsere Bedürfnisse aber
nicht mehr befriedigt werden, gibt es keinen Grund mehr, ihm
zu vergeben, und dann kommt unser verleugneter Haß in
Form eines Angriffs wieder an die Oberfläche.

Heilige Beziehungen

> *Wenn du einem Bruder näherkommst, näherst du dich mir,*
> *und wenn du dich von ihm zurückziehst, werde ich dir fern.*
> *Die Erlösung ist ein Unterfangen, das auf Zusammenarbeit*
> *beruht. Es kann nicht erfolgreich von denen angegangen wer-*
> *den, die sich von der SOHNSCHAFT losmachen, weil sie sich von*

mir losmachen. GOTT wird nur zu dir kommen, wenn du IHN
deinen Brüdern gibst.

T-4.VI.8:1-4

Wir brauchen Beziehungen, damit wir sehen, was hinter unseren Schranken der Verleugnung der Heilung bedarf. Das gilt für alle Arten von Beziehungen. Jedesmal, wenn wir mit jemandem zusammenkommen, haben wir Gelegenheit, nach innen zu schauen und die Illusionen zu vergeben, die wir über uns selbst hegen. Ohne daß andere uns als Spiegel dienen, wäre es unmöglich, all die Schuld zu finden, die wir verleugnet haben. Diese Schuld, die wir alle mit uns herumtragen, ist tief in unserem Geist vergraben und von einer Mauer der Verleugnung geschützt. Als weiterer Schutz projizieren wir das, was wir verleugnen, auf die Welt, ganz besonders auf andere Menschen.

Das Ego sagt uns, das Problem läge nicht bei uns, sondern bei denjenigen, mit denen wir irgendeine Form der Beziehung eingegangen sind. In den Augen des HEILIGEN GEISTES jedoch sind ebendiese Menschen unsere Lehrer, denn ohne sie könnten wir unmöglich sehen, was wir verleugnet haben. Wir brauchen etwas außerhalb unseres verschlossenen Geistes, das uns zeigt, was eigentlich darin ist. Wenn wir etwas gezeigt bekommen, was wir an uns nicht mögen, rät uns das Ego, den anderen anzugreifen. Das ist das gleiche, wie einen Stein in einen Spiegel zu werfen, weil wir das Spiegelbild nicht mögen, das wir dort sehen.

In alter Zeit wurden Boten mit wichtigen Mitteilungen an die Herrscher anderer Völker abgesandt. Wenn der Bote schlechte Nachrichten brachte, wurde er nicht selten umgebracht. Da die Herrscher die Verantwortung für das, was die Botschaft in ihnen auslöste, nicht übernehmen wollten, projizierten sie die Ursache ihres Schmerzes auf den Boten und fühlten sich von ihm angegriffen. Gleicherweise überbringen

129

uns Freunde, Feinde, Eltern, Geliebte, Arbeitgeber oder Kinder ständig Botschaften über Dinge, die wir in uns verleugnet und statt dessen auf sie projiziert haben.

Jedesmal, wenn wir auch nur mit einer Spur von Gereiztheit auf jemand anders reagieren, wird unsere verborgene Schuld aufgerührt. Wenn wir in diesem Augenblick den HEILIGEN GEIST bäten, uns zu helfen, den Frieden wiederzufinden, anstatt den anderen anzugreifen, würden wir in diesem Augenblick das Denksystem des Ego aufheben. Es käme zu einem Wechsel vom Wunsch nach einer besonderen Haßbeziehung zum Verlangen nach einer heiligen Beziehung. Der andere ist nun zu unserem Lehrer geworden und kein Feind mehr.

Ohne die andern, die uns als Spiegel für das dienen, was in unserem Unbewußten weggeschlossen ist, würde es uns sehr schwerfallen, alles aufzudecken, was in uns Vergebung braucht. Wenn wir die Verantwortung für unsere eigenen Gefühle übernehmen, fangen wir mit Hilfe des HEILIGEN GEISTES langsam zu erkennen an, daß das, was uns in der Welt stört, nichts anderes ist als die Spiegelung dessen, was uns an uns selbst stört.

Wenn wir anderen gegenüber eine Haltung der Verantwortlichkeit, Wahrheit, Vergebung, Verbindung, Wehrlosigkeit und der gemeinsamen Interessen (nämlich aus dem Traum der Trennung aufzuwachen) einnehmen können, haben wir das erreicht, was im Kurs als heilige Beziehung bezeichnet wird. Wir haben den HEILIGEN GEIST in unsere Beziehung eingeladen. Es ist sehr schwer, diese Haltung beizubehalten, weil sie das genaue Gegenteil derjenigen ist, zu der das Ego rät. Wir können uns dennoch eine heilige Beziehung zum Ziel setzen und uns damit abfinden, daß wir noch oft auf den Rat unseres Ego hören und angreifen werden.

Das trifft vor allem auf den Beginn einer heiligen Beziehung zu, wenn das Ego uns zu überzeugen sucht, wir sollten zur

ehemaligen besonderen Liebes- oder Haßbeziehung zurückkehren. Wenn das Ziel unserer Beziehung sich von einer besonderen zu einer heiligen zu verschieben beginnt, fühlt es sich
oft an, als hätten wir etwas Wichtiges verloren. »Wo sind die
Romantik und Leidenschaft denn nur geblieben?« ruft dann etwa ein Liebender aus. Ein Sohn oder eine Tochter stellt vielleicht fest: »Meine Eltern haben mir alles bedeutet, aber jetzt
kommen sie mir nicht mehr so besonders vor!« Wenn der
Wunsch, besondere Menschen um uns zu haben, in unserem
Leben langsam abnimmt, warnt uns das Ego und rät uns, doch
wieder zu dem zurückzukehren, was einst für uns zu funktionieren schien.

Die heilige Beziehung – ein Hauptschritt zur Wahrnehmung
der wirklichen Welt – wird erlernt. Sie ist die alte, unheilige
Beziehung, die umgewandelt und neu gesehen wird ... Das
einzige schwierige Stadium ist der Anfang. Denn hier wird
das Ziel der Beziehung unvermittelt genau ins Gegenteil
dessen verschoben, was sie war ... Das wird ganz schnell
vollbracht, aber dadurch erscheint die Beziehung gestört,
disparat und sogar ziemlich qualvoll ... Viele Beziehungen
sind an diesem Punkt abgebrochen worden, und das Streben
nach dem alten Ziel ist in einer anderen Beziehung wieder-
aufgenommen worden ... Du wirst viele Gelegenheiten
finden, um deinem Bruder die Schuld für das »Scheitern« eu-
rer Beziehung zuzuweisen, denn es wird manchmal so aus-
sehen, als habe sie keinen Zweck. Ein Gefühl der Ziellosig-
keit wird dich heimsuchen und dich an all die Arten erinnern,
auf die du einst Befriedigung suchtest und glaubtest, sie
gefunden zu haben. Vergiß jetzt das Elend nicht, das du
wirklich fandest, und hauche deinem versagenden Ego kein
Leben ein.

T-17.V.2:1-2, 5-6; 3:3, 8; 8:2-4

Kenneth Wapnick betont immer wieder, wie wichtig es ist zu
begreifen, daß nur einer für eine heilige Beziehung nötig ist, da
die heilige Beziehung eine Haltung ist, die wir anderen gegenüber entwickeln. Es hilft mir, besser zu verstehen, wie sehr
das stimmt, wenn ich mir vorstelle, daß ich allein auf einer ver-
lassenen Insel gestrandet bin. Könnte ich dann keine heilige
Beziehung haben, weil es keine anderen Menschen gibt? Würde mir diese Wachstumschance entgehen? Wenn es mir hingegen klar wird, daß es um meine Geisteshaltung gegenüber
Menschen in meiner Erinnerung geht, begreife ich auch, daß es
immer noch nötig ist, Vergebung zu üben. Dasselbe trifft auf
jemanden zu, den ich hasse und der plötzlich stirbt; ich kann
immer noch eine heilige Beziehung zu ihm aufbauen, wenn ich
lerne, mir selbst zu vergeben.

Vielleicht geht Ihr Partner nicht Ihren spirituellen Weg,
vielleicht ist er Ihnen sogar feindlich gesinnt. Dennoch können
Sie eine heilige Beziehung zu ihm aufbauen. Zu lernen, bei
jemand Ärgerlichem in Frieden zu sein, bedeutet schnelleres
Wachstum. Das heißt aber nicht, daß wir mit jemandem zusammenbleiben müssen, wenn es uns nicht mehr richtig
erscheint. Dem Heiligen Geist geht es nicht um die Form der
Beziehung – ob wir zusammenbleiben oder uns trennen –,
sondern darum, wie wir unsere Lektionen der Vergebung am
besten lernen.

Jesus hat eine heilige Beziehung mit allen, ob sie sie erwi-
dern oder nicht. Deswegen konnte er bei seiner Gefangennah-
me, Verurteilung und Kreuzigung in Frieden sein. Sogar als
die Söldner Nägel in seinen Körper trieben, sah er nur schlafende Söhne Gottes, die um seine Liebe baten. Diese gab er ihnen, indem er sie weder angriff noch sich verteidigte. Da er
wußte, daß er ewiger, formloser Geist und nicht Körper war,
wußte er, daß er nicht angegriffen werden konnte, und es bestand keine Notwendigkeit zur Verteidigung. Nur wenn wir

uns mit unserem Körper identifizieren, glauben wir, uns verteidigen zu müssen. Wenn uns unsere wahre Wirklichkeit dämmert und wir begreifen, daß »nichts Wirkliches bedroht werden kann« (T-Einl.), erfahren wir den Frieden, den Jesus kennt.

Ich habe einmal eine Geschichte gehört, die deutlich aufzeigt, was Vergebung und eine heilige Beziehung eigentlich sind. Als am Ende des zweiten Weltkriegs die Insassen eines Konzentrationslagers befreit wurden, trafen die Alliierten dort einen Gefangenen an, der in besonders guter Verfassung zu sein schien, wenn man die Bedingungen bedenkt, unter denen er gelebt hatte. Sie nahmen an, er sei nur kurze Zeit im Lager gewesen. Als er sagte, er sei vier Jahre lang dagewesen, verdächtigten sie ihn der Kollaboration mit den Deutschen. Doch als sie sahen, mit welcher Achtung ihn die anderen Insassen behandelten, dachten sie, es müsse eine andere Erklärung dafür geben. Sie fragten ihn, was sich zugetragen hatte, und er erzählte ihnen folgendes:

Während des Judenaufstandes im Warschauer Ghetto wurden er, seine Frau und seine Kinder gefangengenommen. Die Soldaten erschossen seine Familie vor seinen Augen, ihn aber nicht. Er bat darum, ebenfalls erschossen zu werden, aber sie verweigerten dies mit der Begründung, daß seine Sprachkenntnisse ihnen im Konzentrationslager dienlich sein könnten. Da wußte er, daß er wie Hitler werden würde, wenn er ihnen – und damit sich selbst – nicht vergab. Durch diesen Akt der Vergebung konnte er die Angst der Soldaten erkennen und sie als Bitte um seine Liebe sehen. Er hatte das Urteil des Heiligen Geistes angenommen. All die Jahre im Lager nahm er keinen Unterschied zwischen den Opfern und den Tätern wahr. Beide Seiten hatten Angst und baten deshalb um seine Liebe. Er nahm keinerlei Partei und sah jeden gleich an. Dadurch konnte er seinen inneren Frieden und seine Stärke bewahren, und er pflegte mit allen, mit denen er zusammenkam, eine heilige Beziehung. Diese Begebenheit veranschaulicht auch, wie alles in dieser Welt weder gut noch böse ist, sondern neutral. Alles kann der HEILIGE GEIST als Schule verwenden, in der wir Vergebung, Frieden und Freude lernen können.

> *Du hast keine Ahnung von der außerordentlichen Befreiung*
> *und dem tiefen Frieden, die eintreten, wenn du dir selber und*
> *deinen Brüdern völlig ohne jedes Urteil begegnest.*
>
> T-3.VI.3:1

Wenn das Ego dich zur Krankheit verleitet, dann bitte den HEILIGEN GEIST nicht darum, daß ER den Körper heile, denn dadurch würdest du lediglich den Glauben des Ego akzeptieren, daß der Körper das geeignete Ziel für die Heilung ist. Bitte den HEILIGEN GEIST vielmehr darum, daß er dich die richtige Wahrnehmung des Körpers lehre, denn allein die Wahrnehmung kann verzerrt sein. Nur die Wahrnehmung kann krank sein, weil nur die Wahrnehmung falsch sein kann

Ein Kurs in Wundern
T-8.IX.1:5-7

6

Um Hilfe bitten

Es kommt eine Zeit auf unserer Suche nach Heilung, in der wir begreifen, daß wir nur von außerhalb unseres Ego-Denksystems Hilfe bekommen können. Die Hilfe des HEILIGEN GEISTES ist immer zur Hand, aber wir müssen sie zu uns bitten. Der HEILIGE GEIST kann nicht dahin kommen, wo ER nicht willkommen ist, denn ER widersetzt sich unserem freien Willen nie. Um Hilfe bitten heißt verstehen, was das wahre Gebet eigentlich bedeutet.

Wegen unserer Identifikation mit unseren Ego-Bedürfnissen wird leicht mißverstanden, worum es im Gebet geht. Das Ego gibt uns eine Einkaufsliste der Dinge, um die wir bitten sollen, und sagt uns, diese würden uns glücklich machen. Wenn wir dem Rat des Ego folgen, bitten wir z. B. um Geld, Sicherheit, Ansehen, Macht und körperliche Heilung, und oft sind wir enttäuscht, wenn unsere Gebete nicht erfüllt werden. In diesem Kapitel wollen wir den Unterschied zwischen dem wahren und dem falschen Gebet betrachten und welche Rolle der HEILIGE GEIST dabei spielt. Für dieses Kapitel haben mir die Erläuterungen von Kenneth Wapnick über *Das Lied des Gebets* in seiner Kassettenfolge *The Song of Prayer* außerordentlich geholfen (siehe Literatur- und Kassettenempfehlungen im Anhang).

Wir alle haben die übersinnliche Fähigkeit, Dinge zu manifestieren. Manche können Geld und materielle Güter zu sich ziehen, andere finden mit Leichtigkeit Parkplätze und Taxis. Auch in der Bibel heißt es, daß wir bekommen, worum wir beten, wenn wir daran glauben. Übersinnliche Fähigkeiten sind neutral und können entweder vom Ego oder vom HEILIGEN GEIST genutzt werden, aber die Fähigkeiten selbst bringen uns nicht den Frieden und die Freude GOTTES.

> *Wenn sich sein Bewußtsein erweitert, ist es gut möglich, daß er Fähigkeiten entwickelt, die ihm ziemlich überraschend erscheinen. Doch nichts, was er tun kann, kann sich auch nur im geringsten mit der herrlichen Überraschung vergleichen, wenn er sich erinnert, WER er ist.*
>
> H-25.1:4-5

Die Frage, die stets zu stellen der Kurs uns nahelegt, lautet: »Wozu?« In den Händen des Ego werden übersinnliche Kräfte dazu verwendet, die scheinbare Wirklichkeit unserer Welt zu verstärken. Wenn wir glauben, was es uns rät, nämlich daß das Glück nur außerhalb von uns zu finden sei, verwenden wir diese Macht dazu, die Formen dieser Welt an uns zu ziehen. Aber auch wenn uns unsere Manifestationen gelingen, entstehen daraus dennoch kein beständiger Frieden und kein dauerhaftes Glück, und wir müssen immer wieder versuchen, etwas anderes oder mehr desselben zu erlangen. »Suche und finde nicht« (T-12.IV.1:4; V.7:1) ist der Wahlspruch des Ego, und damit halten wir unser Augenmerk auf die Welt der Formen gerichtet statt auf den Geist.

Das falsche und das wahre Gebet

> *Diese Formen des Gebets, oder des Bittens aus Bedürftigkeit, beinhalten immer Gefühle der Schwäche und der Unzulänglichkeit und könnten nie von einem GOTTESSOHN gesprochen*

werden, der erkennt, WER er ist ... Das wahre Gebet muß die
Falle des Bittens, um zu flehen, meiden. Bitte lieber darum,
das zu empfangen, was schon gegeben ist; das anzunehmen,
was schon da ist.

L-1.II.2:1; L-1.I.1.6-7

Wenn wir darum beten, daß etwas Äußerliches geschehe,
sei es für uns oder für andere, unterstellen wir, daß wir die beste Lösung kennen. Im Kurs wird betont, daß wir nichts anderes können, als Probleme zu schaffen, und daß nur der HEILIGE
GEIST weiß, wie sie zu lösen sind und wie wir den Frieden wiederfinden. Unsere vom Ego ausgehenden Gebete versuchen,
die Umstände unseres Lebens so zu verändern, daß wir wieder glücklich sind. Wir glauben, wenn wir nur genug Geld hätten, unser Körper gesunden würde oder wir den richtigen
Partner fänden, wären wir glücklich.

Der HEILIGE GEIST sorgt nicht dafür, daß wir unsere Probleme loswerden, sondern ER hilft uns, in ihnen Frieden zu
finden. Unsere Gebete sollten sich nicht damit befassen, die
Welt zu verändern, sondern damit, unser Denken über die
Welt zu ändern. Die Welt wird nie so sein, wie wir sie haben wollen, aber wir können lernen, darin in Frieden zu sein.
Der HEILIGE GEIST kümmert sich nicht um die Formen dieser
Welt, weil sie die Fehlschöpfungen unseres Ego und somit
illusionär sind. Den HEILIGEN GEIST zu bitten, auf der Formebene einzugreifen, heißt ihn bitten, an dieselben Illusionen zu
glauben wie wir. SEINE Aufgabe ist es, uns aus der Illusion zu
wecken, und nicht, sie nach unseren Wünschen zu verändern.
In dieser Welt ist in den Augen des HEILIGEN GEISTES alles
gleich. ER sieht nichts als gut oder schlecht an sich an, sonst
würde ER denselben Fehler begehen wie wir und »dem Fehler
Wirklichkeit verleihen«. ER sieht einfach alles als eine potenti-
elle Schule, in der wir unsere Lektionen der Vergebung lernen
können.

Wenn unser Körper krank wird oder wir einen Unfall haben, geraten wir wahrscheinlich in Versuchung, den HEILIGEN GEIST um Heilung zu bitten. Im Kurs werden wir allerdings daran erinnert, daß wir um das Verständnis der richtigen Verwendung des Körpers beten sollten, damit er ein Instrument der Kommunikation für den HEILIGEN GEIST wird (siehe Zitat zu Beginn dieses Kapitels). Diese erhabene Sicht können wir nur schwer verstehen, das wird im Kurs sehr klar gesagt: »Es bedarf beträchtlichen Lernens, um zu verstehen, daß alle Dinge, Geschehnisse, Begegnungen und Umstände hilfreich sind« (H-4.I.4:5).

Unser Ego rät uns ständig, unsere Umstände zu verändern, anstatt zu lernen, Frieden darin zu finden. Das bedeutet nicht, daß der HEILIGE GEIST uns nicht möglicherweise auch dazu anleitet, unsere Umstände zu ändern. Damit bezweckt ER jedoch, daß wir mehr über den inneren Frieden lernen, und ER wird kein Opfer fordern außer dem Opfer, unsere Illusionen aufzugeben, was natürlich oft als schmerzhaft empfunden wird. Der HEILIGE GEIST befaßt sich nur mit der Ursache eines Problems, und diese ist eine falsche Wahrnehmung in unserem Geist. Wenn wir IHN dazu einladen, uns auf der Ebene der Ursache zu helfen, kann ER einen Wechsel der Wahrnehmung (ein Wunder) in unserem Geist bewirken, wodurch unser verlorener Frieden wiederhergestellt wird. Das steht im Gegensatz zur Absicht des Ego, dem es nur um die Wirkungen des Problems geht, die außerhalb unseres Geistes in der Welt gesehen werden. Auf diese sollen wir dem Ego zufolge unsere Gebete um Veränderung richten. Im Kurs heißt es:

Das einzige bedeutungsvolle Gebet aber ist das Gebet um Vergebung, weil die, denen vergeben worden ist, alles haben. Wenn die Vergebung einmal angenommen worden ist, wird das Gebet im üblichen Sinn völlig bedeutungslos. Das Gebet

um Vergebung ist nichts anderes als eine Bitte, daß du fähig
sein mögest, wiederzuerkennen, was bereits dein ist.

T-3.V.6:3-5

Wenn GOTT uns bei unserer Erschaffung alles gab, welche
»Gaben« der Welt lassen sich dann überhaupt damit vergleichen? Wenn wir am Ende unseres Vergebungsweges ange-
langt sind, erwachen wir aus unserem Traum der Trennung
und finden alle SEINE Gaben der Liebe, des Friedens, der Freude und der Schöpfungskraft vor, die nur darauf gewartet
haben, daß wir sie wieder für uns beanspruchen. Allein die Tatsache, daß wir um Konkretes beten, verstärkt unseren Glauben
an Mangel und bestätigt unser Ego. Das Gebet ist ein Prozeß
wie die Vergebung. Jesus vergleicht ihn mit einer Leiter, und
wir fangen alle zuunterst an (siehe dazu Abbildung 6.1).

Zuunterst auf der Leiter benutzen wir das Gebet, um etwas zu erflehen, um Dinge dieser Welt zu erbitten, und das
verstärkt nur unser Gefühl des Mangels und der Trennung.
Unsere Gebete um körperliche Heilung gehören auch zu
dieser Ebene. Da wir glauben, unser Körper sei unser höchstes
Gut, sorgen wir uns sehr um seine Sicherheit und Gesundheit.
Wenn Heilung des Körpers unser Gebet motiviert, verstärken
wir die Wirklichkeit der Ego-Welt der Formen. Das Ego identifiziert sich mit unserem Körper und macht es zu seiner
Wohnstatt. Wenn sich unsere Gebete nur um das Wohlergehen
des Körpers drehen, verstärken wir unseren Glauben an das
Ego. Aber wenn wir zum HEILIGEN GEIST beten und IHN bitten,
ER möge uns zeigen, wie wir mit unseren körperlichen Schwie-
rigkeiten in Frieden sein können, können wir ein körperliches
Symptom in eine Schule der Vergebung verwandeln.

Mit der Zeit verschiebt sich der Inhalt unser Gebets von der
Form weg und zu erwünschten Eigenschaften hin, etwa dem
Frieden. Sogar im Gebet um Frieden behaupten wir, daß wir ihn
nicht schon besitzen und GOTT ihn uns nicht bereits gegeben

Die Leiter
des Gebets

»Das wahre Gebet muß die Falle des
Bittens, um zu flehen, meiden. Bitte
lieber darum, das zu empfangen, was
schon gegeben ist; das anzunehmen,
was schon da ist.«
L-1.I.1.6-7

»Der HEILIGE GEIST kümmert sich nicht
um die Form, da er sich nur der Bedeutung bewußt ist.«
T-9.I.10:4

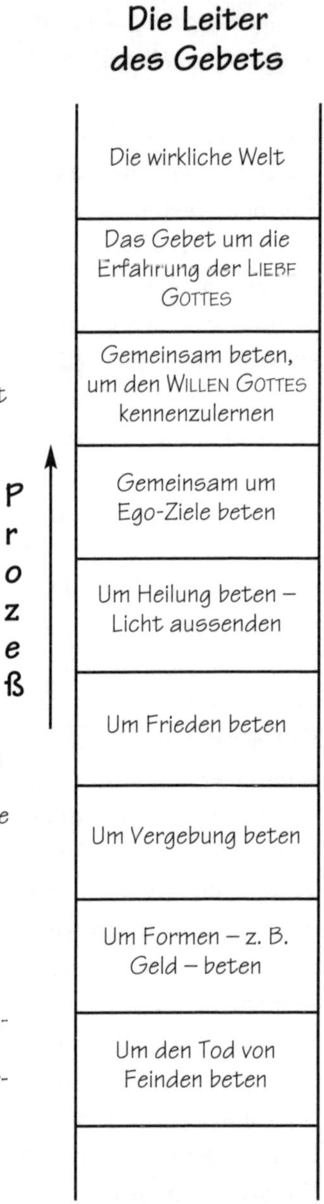

P
r
o
z
e
ß

»Das Gebet in seinen Anfangsformen
ist eine Illusion, weil man keine Leiter
braucht, um zu erreichen, was man nie
verlassen hat.«
L-1.II.8:3

»Es ist nicht einfach zu begreifen,
daß Gebete um Dinge, um Stellung,
um menschliche Liebe, um irgendwelche äußeren >Gaben< immer dazu gemacht sind, um Kerkermeister einzusetzen und sich vor der Schuld zu verstecken.«
L-1.III.6:1

Die wirkliche Welt
Das Gebet um die Erfahrung der LIEBE GOTTES
Gemeinsam beten, um den WILLEN GOTTES kennenzulernen
Gemeinsam um Ego-Ziele beten
Um Heilung beten – Licht aussenden
Um Frieden beten
Um Vergebung beten
Um Formen – z. B. Geld – beten
Um den Tod von Feinden beten

Abb. 6.1

hat. Im Lernprozeß darüber, was das wahre Gebet ist, haben wir zuweilen den Impuls, für andere zu beten oder ihnen Licht und Liebe zu schicken. Vielleicht wollen wir für unsere Feinde beten oder jemanden heilen. Für seine Feinde beten heißt aber, in die Falle zu gehen und dem Fehler Wirklichkeit zu verleihen, denn es gibt keine Feinde, sie sind nur Spiegel der Schuld in uns.

> *Wir haben gesagt, daß das Gebet immer für dich selbst ist, und dem ist so. Warum solltest du dann überhaupt für andere beten? Und wenn du das solltest, wie solltest du es tun? Für andere beten wird, richtig verstanden, zu einem Mittel, deine Schuldprojektionen von deinem Bruder wegzunehmen und dir die Einsicht zu ermöglichen, daß nicht er es ist, der dich verletzt.*

L-1.III.1:1-4

Wenn wir zu GOTT beten, um andere zu heilen, setzt dies voraus, daß es einen GOTT gibt, der SICH des Leidens SEINER Kinder nicht gewahr ist, und daß wir durch unsere Bitten eine besondere Gunst von IHM erlangen können. Wir erfinden also einen Gott, der überredet werden kann, einige Menschen zu heilen, dabei aber das Leiden anderer zu vergessen oder zu vernachlässigen. Im Kurs heißt es, GOTT liebe alle SEINE Kinder gleichermaßen, und ER habe den HEILIGEN GEIST erschaffen, um uns alle zu SICH zurückzuführen. Jeder hat denselben Zugang zur Heilkraft des HEILIGEN GEISTES, wenn wir nur um SEINE Hilfe bitten. ER ist sich aller gewahr und braucht unsere Bitten nicht.

Womöglich glauben wir auch, es könnte helfen, anderen oder einem Ort auf dem Planeten, an dem es Schwierigkeiten gibt, Licht zu senden. Das würde jedoch nur die Wirklichkeit der Ego-Welt der Formen verstärken. Wenn wir Dunkelheit in der Welt sehen, dann deshalb, weil wir Dunkelheit in unserem eigenen Geist sehen, und genau dort wird das Licht gebraucht.

Wie es im Kurs heißt: »Suche deshalb nicht, die Welt zu ändern, sondern entscheide dich, dein Denken über die Welt zu ändern« (T-21.Einl.1:7).

In der Schrift über die *Psychotherapie* heißt es, wir bräuchten nicht körperlich anwesend zu sein, um anderen zu helfen:»Sie [die Patienten] werden in der Form gesandt werden, die am hilfreichsten ist: als Name, als Gedanke, als Bild, als Idee oder vielleicht nur als Gefühl, daß du jemanden irgendwo zu erreichen versuchst« (P-3.I.3:8). Der HEILIGE GEIST »schickt« uns die Menschen, mit denen wir uns verbinden sollen; nicht wir sollen SEINE Heilung lenken.

Von da an steigen unsere Gebete weiter an, und wir bitten darum, uns selbst zu vergeben, um zu erkennen, daß GOTT uns schon alles gegeben hat. Am Ende wird unser Gebet wieder zu dem, was es war, bevor die Trennung zu geschehen schien, zu einem Lied der Liebe und des Dankes zwischen GOTT und SEINER Schöpfung.

Alle Gebete werden erhört

Im Kurs heißt es, alle unsere Gebete würden erhört, aber wie sie beantwortet würden, hänge davon ab, zu wem wir beten, dem Ego oder dem HEILIGEN GEIST (siehe H-21.2, 3). Wenn wir zum Ego um Dinge aus der Welt des Ego beten, bekommen wir sie oder auch nicht, je nachdem, wie gut wir etwas auf der übersinnlichen Ebene manifestieren können, aber wir erleben auf jeden Fall stets die Ego-Welt, nämlich Sünde, Schuld und Angst. So manifestieren wir beispielsweise das Geld, das wir zu brauchen meinen, und kurze Zeit sind wir glücklich damit, aber wir haben trotzdem weiterhin Angst, es könnte für zukünftige Bedürfnisse nicht ausreichen; oder wir verlieren es, es wird gestohlen, oder wir haben Schuldgefühle um dessentwillen, woher das Geld kommt. Unsere Gebete an das Ego erhalten also dessen Anwesenheit in unserem Geist aufrecht und verstärken sie.

Vor einigen Jahren habe ich im Fernsehen die Kurzgeschichte »Die Affenpfote« gesehen, die klarmacht, daß wir nicht wissen, was zu unserem Besten ist: Eines Tages klopfte ein Reisender an die Tür eines älteren Ehepaares und bat es um Hilfe. Als Gegenleistung für ihre Liebenswürdigkeit gab er ihnen eine Affenpfote zum Geschenk und sagte, damit könnten sie sich drei Wünsche erfüllen. Als erstes wünschten sie sich viel Geld. Kurz nachdem sie ihren Wunsch ausgesprochen hatten, klopfte es abermals an die Tür. Als sie aufmachten, stand ein Versicherungsvertreter vor der Tür, der gekommen war, um ihnen zu sagen, daß ihr Sohn an seinem Arbeitsplatz tödlich verunglückt sei. Er hatte einen schweren Unfall gehabt und war in eine Maschine geraten. Daraufhin übergab er ihnen einen Scheck als Leistung der Versicherung. Als sie hinsahen, stellten sie fest, daß er auf genau denjenigen Betrag ausgestellt war, um den sie gebeten hatten. Starr vor Schreck über das Geschehene taten die beiden einen zweiten Wunsch und baten, ihr Sohn möge ihnen wiedergegeben werden. Kurz darauf klopfte es wieder an die Tür. Als sie sie öffneten, wichen sie vor Entsetzen zurück. Ihr Sohn war zurückgekehrt, aber sein Körper war vom Unfall entsetzlich verstümmelt. Die Eltern warfen die Tür schnell wieder ins Schloß, nahmen die Affenpfote zum letztenmal zur Hand und wünschten, ihr Sohn möge doch lieber wieder tot sein.

Wenn wir unsere Gebete an den HEILIGEN GEIST richten, werden uns SEINE Gaben des Friedens, der Freude und der Vergebung zuteil. Das wahre Gebet kümmert sich nicht um die Welt der Formen (die Wirkung), sondern um das Erlangen des Geistesfriedens (Ursache). Wenn wir am Ende einer langen Schlange anstehen müssen, um eine Fahrkarte für den Bus zu kaufen, der in fünf Minuten abfährt, haben wir die Wahl, zu wem wir beten wollen. Wir können den HEILIGEN GEIST bitten, den Bus aufzuhalten oder die Schlange schneller vorankommen zu lassen, oder wir können den HEILIGEN GEIST bitten, uns zu zeigen, wie wir in dieser Situation in Frieden sein können.

Das erste Gebet ist ein Gebet an das Ego, denn wir bitten um eine Veränderung auf der Formebene. Beim zweiten Gebet laden wir, wenn wir es aufrichtig meinen, den HEILIGEN GEIST in unseren Geist ein, und ER wird SEINE Gabe des Friedens mitbringen, die nicht davon abhängt, ob wir den Bus noch erreichen oder nicht. Vielleicht ist es nicht zu unserem Besten, daß wir mit diesem Bus fahren. Wir können das nicht wissen, aber der HEILIGE GEIST weiß es.

Da wir den Wunsch hegen, eine besondere Beziehung zum HEILIGEN GEIST herzustellen, gehen wir leicht in die Falle zu glauben, ER tue etwas in unserem Leben. In Abbildung 6.2 wird ein Leuchtturm als Analogie verwendet, um zu veranschaulichen, wie der HEILIGE GEIST in unserem Leben wirkt.*

Der eine Kapitän ist sich so sicher, den richtigen Kurs zu kennen, daß er gar nicht nach einem nahen Leuchtturm Ausschau hält. Sein Schiff schlägt einen gefährlichen Kurs ein, läuft auf Grund und sinkt schließlich. Der andere Kapitän nimmt gerne Hilfe an und sucht den Leuchtturm, um nach ihm zu navigieren. Er ändert seinen Kurs und kommt auf seiner Fahrt sicher voran. In beiden Beispielen tut der Leuchtturm nichts. Er hat weder das eine Schiff auf Grund laufen lassen, weil der Kapitän nicht auf ihn hören wollte, noch hat er das andere

---

* Zu den Abbildungen 6.2 und 6.3 hat mich eine Analogie angeregt, die Kenneth Wapnick in seiner Kassettenfolge *The Song of Prayer* verwendet hat. (Siehe Literatur- und Kassettenempfehlungen.)

Schiff auf einen sicheren Kurs gedrängt, um den Glauben des Kapitäns zu belohnen.

Im Zitat in Abbildung 6.2 wird uns gesagt, die Gegenwart der Liebe und des Lichtes des HEILIGEN GEISTES in unserem Geist seien eine Erinnerung an eine andere Art des Seins. Ob wir diesem Weg folgen oder nicht hat keine Wirkung auf den HEILIGEN GEIST, ER leuchtet einfach weiter. Der HEILIGE GEIST befiehlt nicht, ER kontrolliert nicht, und ER fordert nichts von uns. ER überwindet auch nicht die Hindernisse auf unserem Weg. ER erinnert uns einfach daran, daß es eine andere Seinsweise gibt: Wenn wir vergeben, sind die Hindernisse nicht mehr da. Die Form des Problems besteht wahrscheinlich weiter – zum Beispiel, wenn das Auto nicht anspringt –, aber jetzt sind wir dabei in Frieden. Das Problem war von Anfang an nicht die Autopanne, sondern die verborgene Schuld, die in uns geweckt wurde, als es nicht ansprang. Im Übungsbuch wird das so formuliert: »Ich rege mich nie aus dem Grund auf, den ich meine« (Lektion 5). In jeder Situation erinnert uns der HEILIGE GEIST daran, daß es immer eine andere Art gibt, das Problem zu sehen, und diese bringt uns den Frieden. »Wähle noch einmal«, heißt es im Kurs, und wir sollten nur »eine kleine Bereitwilligkeit« aufbringen, den HEILIGEN GEIST einzuladen, damit ER uns helfe.

Aus unserer Sicht fühlt es sich wohl oft so an, als würde der HEILIGE GEIST in unserem Leben kommen und gehen. Einen Augenblick lang spüren wir SEINE Gegenwart, nur um uns im nächsten wieder von IHM verlassen zu fühlen. In Wahrheit sind wir es, die jeweils die Wahl treffen, uns IHM zu nähern und wieder von IHM abzuwenden.

Der HEILIGE GEIST wird von SICH aus jeden Geist erfüllen, der auf diese Weise für IHN Raum schafft ... Wenn du die STIMME FÜR GOTT nicht hören kannst, liegt es daran, daß du dich nicht

Der HEILIGE GEIST tut gar nichts – ER erinnert uns nur daran, daß wir den Frieden wählen können

Das Licht des
HEILIGEN GEISTES ist
in unserem Geist

Abb. 6.2

»Die Stimme des HEILIGEN GEISTES befiehlt nicht, weil sie der Arroganz nicht fähig ist. Sie fordert nicht, weil sie keine Kontrolle sucht. Sie überwältigt nicht, weil sie nicht angreift. Sie erinnert nur. Sie ist unwiderstehlich nur um dessentwillen, woran sie dich erinnert. Sie ruft dir den anderen Weg in Erinnerung und bleibt sogar inmitten des Aufruhrs ruhig, den du womöglich stiftest. Die STIMME FÜR GOTT ist immer leise, weil sie vom Frieden spricht.« T-5.II.7:1-7

entscheidest zuzuhören. Daß du sehr wohl auf die Stimme dei-
nes Ego hörst, wird durch deine Einstellung, deine Gefühle
und dein Verhalten aufgezeigt.

T-14.XI.13:6; T-4.IV.1:1-2

Zu spüren, daß der HEILIGE GEIST da ist, ist schrecklich für unser Ego, weil es sich in der Gegenwart des HEILIGEN GEISTES
auflöst. Wir glauben, wir könnten nur ein bißchen Liebe und
Licht vertragen, um dann schleunigst wieder in die sichere
Dunkelheit unseres Ego zurückzusinken. Das Licht des HEILI-
GEN GEISTES leuchtet aber unbeeinträchtigt in unserem Geist
und wartet mit unendlicher Geduld auf unseren nächsten Hilferuf an IHN (siehe dazu Abbildung 6.3).

Zusammenfassung

Im *Lied des Gebets* wird die Analogie einer Leiter verwendet,
um unseren Fortschritt beim Beten zu verdeutlichen. Da uns
nicht bewußt ist, daß uns bereits alles von GOTT gegeben ist,
sagt uns unser angeborenes Gefühl von Sünde und Schuld, es
fehle uns etwas (Mangelprinzip). Da wir uns der Liebe GOTTES
zu uns nicht mehr bewußt sind, übersetzen wir diesen Mangel
in materielle Bedürfnisse. Wir bitten GOTT, uns Dinge zu geben, die wir zu brauchen glauben – beispielsweise Geld, körperliche Heilung usw. Wir glauben, diese Dinge würden uns
den Frieden bringen, und vergessen, daß schon die Form dieses Gebets unser Gefühl verstärkt, uns fehlten bestimmte Dinge und die Befriedigung unserer Bedürfnisse finde außerhalb
unseres Geistes statt. Wir sehen, daß es manchen Menschen
sehr gut gelingt, Parkplätze, Geld oder Selbstheilung zu manifestieren, und glauben, sie hätten das Geheimnis des Betens gefunden. Wir vergessen, daß eine große Macht in unserem Geist
liegt und daß manche gelernt haben, damit umzugehen. Und

149

Der HEILIGE GEIST ist immer anwesend
in unserem Geist

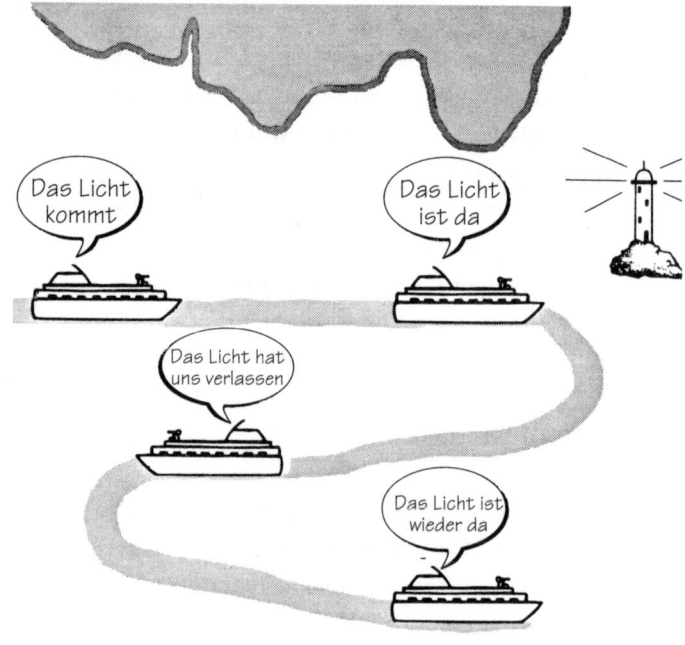

Abb. 6.3

»Warum auf den Himmel warten? Diejenigen, die das Licht suchen, bedecken nur ihre Augen. Das Licht ist jetzt in ihnen. Erleuchtung ist gar keine Veränderung, sondern nur ein Wiedererkennen. Das Licht ist nicht von dieser Welt, doch du, der du das Licht in dir trägst, bist hier auch fremd. Das Licht kam mit dir aus deinem Vaterhaus und blieb bei dir, weil es dein eigenes ist. Es ist das einzige, was du von ihm mitbringst, der deine Quelle ist. Es leuchtet in dir, weil es dein Heim erhellt, und führt dich dorthin zurück, wo es herkam und du zu Hause bist.« Ü-I.188.1

wir glauben, der HEILIGE GEIST würde uns diese Gaben bringen, und erkennen nicht: »Der HEILIGE GEIST kümmert SICH
nicht um die Form, da ER SICH nur der Bedeutung bewußt ist«
(T-9.I.10:4). Aber übersinnliche Fähigkeiten bringen keinen
Frieden. Wir sind ständig versucht, um Konkretes zu beten,
aber damit beschränken wir die Antwort auf den Bereich innerhalb von Grenzen, die wir selbst gesetzt haben.

Unsere Gebete werden alle erhört, je nachdem, zu wem wir
beten. Ego-Gebete um Dinge in dieser Welt werden durch Erfahrungen der Ego-Welt beantwortet – durch irgendeine Form
von Schuld und Angst. Vielleicht bekommen wir sogar die
Form dessen, worum wir beten, aber indem wir das tun, bleibt
unser Augenmerk auf Äußeres gerichtet, wir bestärken die
Welt der Trennung und erhalten damit unsere Schuldgefühle
und unseren Glauben an das Ego aufrecht. Im Kurs werden
wir ermahnt: »Das einzige bedeutungsvolle Gebet aber ist das
Gebet um Vergebung, weil die, denen vergeben worden ist, alles haben« (T-3.V.6:3).

Dem HEILIGEN GEIST geht es nicht darum, daß wir unsere
Probleme loswerden (das sind Ego-Gebete), sondern ER will
uns zeigen, was wir tun können, um mit den Anforderungen,
die das Leben an uns stellt, in Frieden zu sein. Wenn wir IHN
uns Vergebung lehren lassen, heben wir die Schuld auf, die wir
mit uns herumtragen und die uns die Erkenntnis verwehrt,
daß wir bereits alles haben. Zuoberst auf der Leiter des Gebets
wird uns klar, daß wir keine Bedürfnisse haben, und das Gebet nimmt wieder seine ursprüngliche Form an, die es hatte,
bevor die Trennung zu geschehen schien. Diese Form ist ein
Lied des Dankes von uns an unseren SCHÖPFER und von IHM an
uns – ohne Gedanken, Wünsche oder Bedürfnisse.

Ich bin nur hier, um wahrhaft hilfreich zu sein.

Ich bin hier, um IHN zu vertreten, DER mich gesandt hat.

Ich brauche mich nicht zu sorgen, was ich sagen oder tun soll, denn ER, DER mich gesandt hat, wird mich führen.

Ich bin zufrieden, dort zu sein, wo immer ER es wünscht, in der Erkenntnis, daß ER mit mir dorthin geht.

Ich werde geheilt, indem ich mich von IHM lehren lasse, wie man heilt.

Ein Kurs in Wundern
T-2.V.18.2-6

7
Andere heilen

Einleitung

Was braucht denn Heilung, und wie wird sie erreicht? Heilen
die Methoden der Heiler, oder sind das nur die Formen, durch
die die Heilung fließt? Was heilt eigentlich? Besitzen nur einige wenige begabte oder auserwählte Menschen diese Fähigkeiten? Was sind die Unterschiede zwischen einem geheilten
und einem ungeheilten Heiler? Diese Fragen wollen wir in diesem Kapitel betrachten und im Lichte dessen, was im Kurs darüber steht, erläutern.

Das Ziel der Heilung

Zu Beginn dieses Buches sagten wir, alle unsere körperlichen
und seelischen Probleme rührten von einem einzigen Problem
her: dem Glauben, wir seien voneinander und von GOTT getrennt. Wegen der Macht der Verleugnung und dem Schleier
des Vergessens, den wir über unser wahres Zuhause gebreitet
haben, sind wir nun gezwungen, die Heilung außerhalb unseres Geistes zu suchen. Unser körperlicher und seelischer
Schmerz erfordert unverzügliche Linderung. Hierbei gehen
wir leicht in die Falle, nur für die Symptome unseres einzigen
Problems um Hilfe zu bitten und zu vergessen, tiefer zu gra-

ben und dessen Ursache in unserem Geist anzusehen. Wir suchen Heiler auf, um unseren verletzten physischen und emotionalen Körper zu flicken, und wenn das geschehen ist, sind wir eine kleine Weile zufrieden, bis ein neues Symptom auftaucht.

Es ist nicht falsch, Linderung unserer Schmerzen zu suchen, aber Symptombehandlung ist keine wirkliche Heilung. Wenn Sie rasende Kopfschmerzen haben, ist Ihre Aufmerksamkeit wahrscheinlich auf den Schmerz und nicht auf dessen Ursache gerichtet. Wenn Sie irgendein Medikament einnehmen, um den Schmerz zu lindern, verschafft Ihnen das die Gelegenheit, die Nichtvergebung in Ihrem Geist aufzudecken. Wir müssen diese Symptome verwenden, um uns daran zu erinnern, daß die Ursache unserer Not nicht in der Welt zu finden ist, sondern in unserer Entscheidung, getrennt zu bleiben. Da der gesamte Schmerz von der Trennung herrührt, muß die Heilung aus der Verbindung entstehen. Wenn wir nicht finden können, was Vergebung braucht, können wir dennoch stets dort beginnen, wo wir sind, und uns mit den Menschen in unserer Umgebung verbinden. Wenn wir Augenblick für Augenblick Vergebung üben, heben wir schließlich die Trennung auf, die den Schmerz verursacht hat.

Die wahre Funktion des Heilers liegt darin, den Klienten durch sein Beispiel und seine Präsenz daran zu erinnern, daß er nach wie vor so ist, wie GOTT ihn schuf. So hat Jesus seine Wunder gewirkt. Wie jeder andere in dieser Welt hat Jesus zuerst nach innen geschaut, bevor er nach außen schaute. Als er nach innen schaute, sah er nur den SOHN GOTTES in seinem Geist, den CHRISTUS. Als er nach außen schaute und einen Kranken sah, der um Heilung bat, konnte er nur einen weiteren SOHN GOTTES sehen, wenn auch einen schlafenden.

Der Kranke, der zu Jesus geführt wurde, sah jemanden, der ihn als gleichwertig akzeptierte und ihn daran erinnerte, daß er eine andere Wahl treffen konnte. Bis dahin war er wahrscheinlich von Menschen umgeben gewesen, die sich nur auf seine körperlichen Symptome konzentriert und damit sein Selbstkonzept als Ego in einem Körper bestärkt hatten. Jesus erinnerte ihn daran, daß er nicht ein Ego war, sondern nach wie vor so, wie GOTT ihn geschaffen hatte. Die Macht des Lichtes Jesu war das einzige, was es brauchte, um die Dunkelheit des Kranken wegzuleuchten, nachdem er sich einmal dafür entschieden hatte, ganz zu werden. In diesem kurzen Augenblick erkannte der Kranke sein wahres Wesen als CHRISTUS und brauchte sich daher nicht mehr mit einer Krankheit zu verteidigen. Auch wenn das Ego des Geheilten zeitweilig besiegt worden war, wußte Jesus, daß es bei der erstbesten Gelegenheit zurückschlagen würde, und deshalb ermahnte er die Menschen oft: »Geht hin und sündigt nicht mehr.«

Eine Wunderheilung ist keine Garantie dafür, daß sie von Dauer ist. Forschungen haben ergeben, daß Wunderheilungen selten andauern und daß der Geheilte oft nach Monaten oder Jahren derselben oder einer ähnlichen Krankheit zum Opfer fällt. Daß die Krankheitssymptome verschwanden, war nicht die eigentliche Heilung, sondern ein Nebenprodukt des Friedens, der im Geist des Betreffenden Einzug gehalten hatte. Jesu Gegenwart war eine Erinnerung an eine andere Art des Seins, ein Ruf, zur Liebe des VATERS heimzukehren. Wir müssen die Beantwortung dieses Rufes zu unserem Lebensziel machen. Ganz geheilt zu sein heißt aus dem Traum der Trennung zu erwachen, in dem wir uns verloren haben. Wenn wir langsam aufwachen und den HEILIGEN GEIST in unseren Geist einlassen, können wir als Werkzeug für SEINE Heilung dienen.

Denn dieses allein brauche ich: daß du die Worte hörst, die ich spreche, und sie der Welt schenkst. Du bist meine Stimme, meine Augen, meine Füße, meine Hände, durch die ich die Welt erlöse.

Ü-I.5.Wdh.9:2

In diesem Zitat wird klar, daß nicht wir es sind, die heilen, sondern die Liebe und das Licht Jesu oder des HEILIGEN GEISTES, die sich durch uns in die Welt ausdehnen. Jesus ist in unserer Welt eine Manifestation des HEILIGEN GEISTES geworden, da er völlig egolos ist.

Wir wählen Krankheit oder Heilung

Genauso, wie wir Krankheit wählen, wählen wir auch Heilung. Niemand kann uns krank machen oder heilen, wenn wir uns nicht dafür entschieden haben. Wie es im Kurs heißt: »Heilung kommt nicht von irgend jemand anderem. Du mußt die Führung aus deinem Inneren annehmen« (T-8.IV.4:5-6). Sogar in der Gegenwart von jemandem wie Jesus muß sich ein Kranker immer noch selbst dafür entscheiden, sich so zu sehen, wie Jesus ihn sieht. In der Bibel tritt klar zutage, daß viele immer noch lieber auf ihr eigenes Ego als auf die Stimme der Liebe und der Anerkennung hörten. Sie empfanden Heilung als Bedrohung der Existenz ihres Ego, und deshalb suchten sie Zuflucht in Angst und Krankheit. Sie zogen das illusionäre Reich der Formen dem formlosen Reich des Geistes vor, das Jesus anbot. Sein Denksystem war dem Ego so fremd, daß die meisten sich in seiner Gegenwart bedroht fühlten und nicht geheilt wurden. Um sich zu schützen, griff das Ego das an, was es zerstören konnte.

In meiner eigenen Arbeit mit Klienten habe ich oft erlebt, wie ambivalent sie der Heilung gegenüber sind. Ein Teil in ihnen möchte geheilt werden, aber ein anderer Teil sträubt sich dagegen. Es ist, als sagten sie: »Bitte heile mich, aber verändere meine Art, über mich oder die Welt zu denken, nicht. Nimm bitte meine Symptome weg, aber laß mein Ego intakt.

Ein Wahnsinniger wird seine eigenen Illusionen verteidigen, weil er sein Heil in ihnen sieht. So wird er denjenigen angreifen, der versucht, ihn daraus zu erretten, weil er glaubt, daß jener ihn angreift. Dieser seltsame Kreislauf von Angriff und Verteidigung ist eines der schwierigsten Probleme, mit denen der Psychotherapeut fertig werden muß. In der Tat ist das seine zentrale Aufgabe, der Kern der Psychotherapie. Der Therapeut wird als derjenige angesehen, der das höchste Gut des Patienten angreift: sein Bild seiner selbst. Und da dieses Bild zur Sicherheit des Patienten geworden ist, wie er sie wahrnimmt, kann der Therapeut nur als echte Quelle der Gefahr angesehen werden, als einer, der angegriffen und sogar getötet werden muß.

P-2.IV.9

Ein Fortschritt bei der Heilung wird dann erzielt, wenn es dem Klienten zu dämmern beginnt, daß er nicht ein Opfer der Welt, sondern seiner eigenen Gedanken ist. Wenn er das zusehends besser versteht, wird ihm sein Ego raten, den Heiler anzugreifen, denn nun wird die Existenz des Ego bedroht. Einem Klienten zu helfen, zur Ursache seines Problems in seinem Geist zurückzukehren, bedeutet auch, ihn dem HEILIGEN GEIST, der dort weilt, näherzubringen. Das Ego weiß sehr wohl, daß der schlafende SOHN GOTTES – der Entscheider – sich ebenso für SEINE Führung statt für das Ego entscheiden kann. Wenn der Heiler dem Angriff des Klienten ohne Abwehr oder Gegenangriff begegnen kann, zeigt er auf, daß Abwehrmechanismen nicht nötig sind; in diesem Augenblick glaubt der Heiler nicht an die Realität des Ego. Dieses Beispiel gibt dem Klienten Gelegenheit, sich anders zu besinnen und Vergebung statt Angriff zu wählen.

Ein Kranker nimmt sich als von GOTT getrennt wahr. Möchtest du ihn als von dir getrennt sehen? Es ist deine Aufgabe, das Gefühl der Trennung zu heilen, das ihn krank gemacht hat. Es ist deine Funktion, für ihn zu begreifen, daß das, was er über sich selbst glaubt, nicht die Wahrheit ist. Es ist deine Vergebung, die ihm dies zeigen muß. Die Heilung ist ganz einfach.

H-22.6:5-10

Der geheilte und der ungeheilte Heiler

Man kann viel über wahre Heilung lernen, wenn man sich ansieht, wie die Unterschiede zwischen dem geheilten und dem ungeheilten Heiler im Kurs beschrieben werden. Jesus ist das Beispiel für einen geheilten Heilers, weil er immer nur auf die STIMME des HEILIGEN GEISTES hört. Auch wenn sehr wenige an diesem Punkt sind, werden wir jedesmal, wenn wir während einer Heilungssitzung den HEILIGEN GEIST in unseren Geist einlassen, zu einem geheilten Heiler. Nachfolgend führe ich einige gegensätzliche Aussagen dieser beiden Sichtweisen auf. Mit passenden Zitaten aus dem Kurs wird dieser Unterschied noch weiter verdeutlicht.

1a. Der ungeheilte Heiler: »Ich habe besondere Gaben, die andere nicht haben.«

Die Magie sieht im Heiler immer etwas »Besonderes«, was er glaubt, jemandem, der es nicht hat, als Gabe anbieten zu können. Vielleicht glaubt er, die Gabe komme ihm von GOTT zu, aber es ist ganz offensichtlich, daß er GOTT nicht versteht, wenn er etwas zu haben glaubt, das anderen fehlt.

T-7.V.4:4-5

Es ist leicht, der Aussage des ungeheilten Heilers auf den Leim zu gehen. Der Zustand der Trennung führt zu einem starken Minderwertigkeitsgefühl, das oft durch ein überlegenes Gebaren kompensiert wird. Zu glauben, man sei mit Heilkräften besonders gesegnet, hat Ego-Inflation zur Folge, und darauf folgt der Vergleich mit anderen Heilern und deren Beurteilung. Wieder wird hier der Wunsch des Ego nach Besonderheit und Unterscheidung von anderen sichtbar. Der Heiler erkennt vielleicht, daß die Heilung nicht von ihm, sondern durch ihn kommt. Aber er muß dennoch achtgeben, daß er nicht in die Falle geht, Gott habe ihn speziell vor anderen ausgewählt, um ihm seine Heilgabe anzuvertrauen.

1b. Der geheilte Heiler: »Ich besitze alle Eigenschaften GOTTES gemeinsam mit allen anderen. Wir sind gleich erschaffen worden. Unterschiede in bezug auf Fähigkeiten sind vorübergehend.«

> *Die Heilung nimmt nichts im Heiler wahr, was nicht jeder andere mit ihm teilt.*
>
> T-7.V.4:3

Es ist für den geheilten Heiler unvorstellbar, daß GOTT Unterschiede zwischen seinen Kindern erschaffen haben könnte. GOTT hat SICH SEINER SCHÖPFUNG ganz gegeben. Im Kurs heißt es, nur eine einzige Eigenschaft fehle uns, und zwar die Fähigkeit, GOTT zu erschaffen. GOTT kann gar nichts von SEINER SCHÖPFUNG zurückhalten. Es ist ebenso klar, daß es hinsichtlich der Fähigkeiten in der Welt des Ego Unterschiede zwischen uns gibt, aber sie sind nur vorübergehend, denn eines Tages erwachen wir alle und erkennen die Herrlichkeit dessen, WER wir in Wirklichkeit sind. Im Handbuch für Lehrer werden die Eigenschaften der fortgeschrittenen Lehrer GOTTES beschrieben,

und dort heißt es: »Ihre Besonderheit ist natürlich nur vorübergehend – in der Zeit angesiedelt als ein Mittel, um aus der
Zeit herauszuführen« (H-4.1:5).

2a. Der ungeheilte Heiler: »Ich will eine gerechte Gegen-leistung für die Heilung, die ich dir gegeben habe.«

> *Der ungeheilte Heiler will Dankbarkeit von seinen Brüdern,*
> *er aber ist nicht dankbar ihnen gegenüber. Das ist so, weil er*
> *glaubt, er gebe ihnen etwas und bekomme nicht etwas ebenso*
> *Wünschenswertes zurück.*
>
> T-7.V.7:1-2

Wenn er eine besondere Gabe zu besitzen glaubt, die sein
Klient nicht hat, erscheint es nur vernünftig, daß er irgendeine
Bezahlung als Gegenleistung für die Heilung bekommt. Die
Heilung des Klienten sieht wie ein einseitiger Vorgang aus,
und der ungeheilte Heiler glaubt, der Klient schulde ihm daher etwas. Das Tauschmittel ist gewöhnlich Geld, und wenn
keines verlangt wird, wird meist etwas anderes als Gegenleistung erwartet. Einige Heiler »... benutzen die Beziehung bloß,
um Körper zu sammeln, die ihren Schrein verehren, und das
sehen sie als Heilung an« (P-3.II.9:8). Im letzten Abschnitt von
Psychotherapie: Zweck, Prozeß und Praxis wird die Frage der Bezahlung angeschnitten. Jesus sagt, auch der fortgeschrittenste
Lehrer GOTTES habe irdische Bedürfnisse, und es spreche
nichts dagegen, daß eine Bezahlung für die Zeit, die der Heiler
aufwendet, angenommen wird. Hier fügt er jedoch eine Er-
mahnung hinzu: »Eine Regel sollte immer eingehalten werden: Niemand sollte fortgeschickt werden, weil er nicht
bezahlen kann« (P-3.III.6:1).

2b. Der geheilte Heiler: »Ich verliere nichts, indem ich gebe, sondern kann nur gewinnen.«

Vergiß nie, daß du nur dir selber gibst. Derjenige, der versteht, was Geben bedeutet, muß über die Idee des Opferns lachen.

Ü-I.187.6:1-2

Zuerst lernst du, daß Haben *auf Geben beruht, nicht auf* Bekommen.

T-6.V-C.6:1

Der Preis des Gebens ist Empfangen. Entweder ist es eine Strafe, unter der du leidest, oder der glückliche Erwerb eines Schatzes, der dir lieb und teuer ist.

T-14.III.5:8-9

Der geheilte Heiler weiß, daß einem anderen Liebe und Frieden zu geben die Einsicht voraussetzt, daß Liebe und Frieden zuerst in ihm sein müssen. Daher verstärkt seine eigene Gabe seine Einsicht in das, was er bereits besitzt. Das widerspricht dem Denken der Welt, das besagt, daß man weniger von etwas hat, wenn man etwas davon weggibt. Die Gaben GOTTES können durch Weggeben nur gemehrt werden. Auch wenn der Heiler gewöhnlich etwas für seine Zeit von seinem Klienten verlangt, ist er sich doch des Nachfolgenden bewußt: »Niemand kann für Therapie bezahlen, denn Heilung ist von GOTT, und ER verlangt nichts« (P.3.III.1:1).

Der geheilte Heiler erkennt auch, daß er die Klienten bekommt, die er braucht, um sich selbst zu heilen.

Der Therapeut sieht im Patienten alles, was er sich selber nicht vergeben hat, und auf diese Weise ist ihm eine weitere Chance gegeben, es anzuschauen, der Neubewertung zu öffnen und es zu vergeben.

P-2.VI.6:3

Es gibt keine Zufälle in unserem Leben, und allem, was uns zu-
stößt, haben wir auf einer gewissen Ebene bereits zugestimmt,
auch wenn wir uns dessen nicht bewußt sind. Der Heiler lernt
dieselben Lektionen der Vergebung wie die Klienten, die zu
ihm kommen, wenn auch in einer anderen Form. Somit hat
auch der Heiler bei jeder Heilungssitzung eine neue Gelegenheit, sich selbst zu heilen.

> *Wer also ist der Therapeut und wer der Patient? Letztendlich*
> *ist jeder beides. Wer Heilung braucht, muß heilen … Jeder*
> *Patient, der zu einem Therapeuten kommt, gibt ihm eine*
> *Chance, sich selbst zu heilen.*
>
> P-2.VII.1:1-3, 7

In diesem Wissen versteht der Heiler, daß der Austausch in jeder Heilungssitzung immer gleichwertig ist, da jeder dieselbe
Gelegenheit hat, vom anderen zu lernen.

3a. Der ungeheilte Heiler: »Ich muß den Körper / die Persönlichkeit / die Situation meines Klienten heilen.«

> *Schlimmstenfalls machen sie bloß den Körper in ihrem eige-*
> *nen Geist wirklich und suchen anschließend nach Magie,*
> *durch die sie die Gebrechen heilen können, mit denen ihr Geist*
> *ihn ausstattet. Wie könnte ein solcher Prozeß heilend sein? Er*
> *ist lächerlich vom Anfang bis zum Ende.*
>
> P-2.IV.4:3-5

Im Glauben, die Ursache der Krankheit liege außerhalb des
Geistes seines Klienten, versucht der ungeheilte Heiler Veränderungen auf der Formebene herbeizuführen. Dazu werden
herkömmliche oder alternative Therapieansätze für den Körper verwendet und Beratungen anberaumt, um die körperlichen Umstände oder die Situation des Klienten zu verändern.

Wenn man sein Augenmerk auf die Heilung der Symptome richtet anstatt auf die Ursache im Geist, dann ist das ein Beispiel für Magie, wie der Kurs sie versteht. Magie ist der Versuch, etwas auf der falschen Ebene zu ändern, das heißt auf der Ebene der Wirkungen statt auf der Ebene der Ursache. Im Kurs heißt es auch, daß Magie nicht böse ist (T-2.IV.4:4) und daß die meisten unter uns Magie brauchen, weil die Angst in unserem Geist zu groß ist, als daß wir einfach »anderen Geistes werden« könnten. Wenn wir Zahnweh haben, sollten wir vernünftigerweise zum Zahnarzt gehen.

Der ungeheilte Heiler glaubt, seine besonderen Methoden und Techniken der Heilung hätten eine gewisse Macht. Es ist nicht zu leugnen, daß bestimmte Methoden einen körperlichen Zustand lindern oder heilen können, und viele wollen auch nur das. Aber »falsche Heilung beruht auf der Genesung des Körpers und läßt die Ursache der Krankheit weiter unverändert und bereit, wieder zuzuschlagen, bis sie in einem scheinbaren Sieg einen grausamen Tod bringt« (L-3.II.6:1).

3b. Der geheilte Heiler: »Jede Krankheit und jedes Leid entstehen in unserem Geist. Es gibt keine Ausnahmen. Etwas anderes als den Geist heilen zu wollen ›verleiht dem Fehler Wirklichkeit‹.«

Krankheit als eine Entscheidung des Geistes zu akzeptieren –
für einen Zweck, für den dieser den Körper benutzen möchte
– ist die Grundlage der Heilung. Und das gilt für Heilung in
allen Formen. Ein Patient entscheidet sich, daß dies so ist, und
er gesundet. Wenn er sich gegen die Gesundung entscheidet,
wird er nicht geheilt. Wer ist der Arzt? Nur der Geist des Pa-
tienten selbst.

H-5.II.2:1-6

Der geheilte Heiler versteht, daß das Selbstbild seines Patienten auf Sünde, Schuld und Angst beruht und daß er den Ärger und die Nichtvergebung in seinem Geist auf seinen Körper projiziert hat. Nun ist es Aufgabe des Heilers, den Klienten sanft daran zu erinnern, daß es eine andere Möglichkeit gibt, die Welt und sich selbst zu betrachten, und daß nur die Vergebung die Nichtvergebung heilen kann.

4a. Der ungeheilte Heiler: »Auch wenn ich die Liebe GOTTES nicht spüre, weiß ich, was ich tun muß, um dich zu heilen.«

> *Du verstehst es nicht, über Fehler hinwegzusehen, sonst würdest du sie nicht begehen. Es wäre bloß ein weiterer Fehler, zu glauben, daß du sie entweder nicht begehst oder daß du sie ohne einen FÜHRER bei der Berichtigung berichtigen kannst. Und wenn du diesem FÜHRER nicht nachfolgst, dann werden deine Fehler nicht berichtigt ... Der Weg, sie aufzuheben, ist daher nicht von dir, aber er ist für dich.*

T-9.IV.2:2-4, 7

Bevor wir uns der Liebe GOTTES öffnen, ist das Ego unser einziger Führer. Das Ego richtet sein Augenmerk stets auf die Ebene der Form und sagt uns, was wir auf dieser Ebene tun sollen. Es sagt uns, wir könnten uns wirksame Methoden und Praktiken aneignen, um andere zu heilen. Mit solchen Methoden kann der Körper vielleicht erfolgreich behandelt werden, aber nicht die Nichtvergebung im Geist. Der ungeheilte Heiler verläßt sich lieber auf sein eigenes Urteil und glaubt zu wissen, was für seinen Klienten das Beste ist.

In unserer wissenschaftlich ausgerichteten Zeit sind viele der Meinung, eine bessere Medikamentenforschung und die Entwicklung einer hochstehenden Technologie würden zu einem Durchbruch in der Behandlung von Krankheiten führen. Sobald jedoch eine Krankheit überwunden ist, entsteht eine andere an deren Stelle. Solange wir an der Krankheit hängen, bringen wir sie weiterhin hervor. Wir werden uns erst um Hilfe an den HEILIGEN GEIST wenden, wenn wir akzeptieren, daß wir nur gut Probleme schaffen können, nicht aber Lösungen finden.

4b. Der geheilte Heiler: »Nur die LIEBE GOTTES heilt. Wenn ich mich mit dir verbinde, erfüllen die LIEBE und das Licht GOTTES unseren Geist.«

> *Ein Therapeut heilt nicht: Er läßt die Heilung geschehen. Er kann auf die Dunkelheit hinweisen, aber er kann von sich aus kein Licht bringen, denn das Licht ist nicht von ihm. Doch da es für ihn ist, muß es auch für seinen Patienten sein. Der HEILIGE GEIST ist der einzige THERAPEUT. ER macht die Heilung in jedweder Lage deutlich, in welcher ER der FÜHRER ist. Du kannst IHN nur SEINE Funktion erfüllen lassen. Dazu braucht ER keine Hilfe. ER wird dir genau sagen, was zu tun ist, um jemandem zu helfen, den ER als Hilfesuchenden zu dir schickt, und ER wird durch dich zu ihm reden, wenn du dich nicht einmischst.*
>
> T-9.V.8:1-8

Der geheilte Heiler betrachtet sich als ein Instrument für die Kommunikation der heilenden LIEBE GOTTES. Seine Aufgabe besteht darin, nicht mehr auf sein Ego zu hören, damit ihn der HEILIGE GEIST anleiten kann, was er sagen und tun soll. In jeder Heilungssituation besteht seine einzige Aufgabe darin, sich selbst in Anwesenheit des Klienten zu vergeben, denn dann kann der HEILIGE GEIST den Geist des Heilers mit SEINER Gegenwart erfüllen.

Mit welcher Methode oder nach welcher Lehrmeinung der Heiler auch immer arbeitet, der HEILIGE GEIST wird sie immer als diejenige Form nutzen, durch die ER dem Klienten SEINE LIEBE und SEINE Anerkennung vermittelt. Nicht die Heilmethode des Heilers heilt, sondern die LIEBE GOTTES, die in den Geist des Klienten ausgedehnt wird. Die liebende Akzeptanz des Heilers gibt dem Klienten Gelegenheit, »noch einmal zu wählen« und zu vergeben, anstatt anzugreifen. Die LIEBE GOTTES im Heiler zeigt dem Klienten, daß das, was er als seine Sünden wahrnimmt, keine Wirkung auf ihn hat, und somit hat der Klient nicht gesündigt. Wenn der Klient das akzeptieren kann, hören seine Schuld und die daraus hervorgehenden körperlichen und seelischen Symptome auf zu existieren. Auch wenn der Klient nicht bereit ist, diese Gelegenheit wahrzunehmen, um sich selbst zu vergeben, hat die Heilung dennoch stattgefunden. Im Kurs wird das so erklärt, daß der HEILIGE GEIST diese Gabe der Liebe so lange aufbewahrt, bis die Zeit gekommen ist, zu der der Klient sie annehmen kann.

5a. Der ungeheilte Heiler: »Mein Klient ist ein unschuldiges Opfer von Umständen, die außerhalb seiner Kontrolle liegen.«

Höre auf das, was das Ego sagt, und sieh, was es dich zu sehen anweist, so wirst du dich mit Sicherheit als winzig, ängstlich und verletzlich sehen. Du wirst Depression und ein Empfinden der Wertlosigkeit sowie Gefühle der Vergänglichkeit und Unwirklichkeit verspüren. Du wirst glauben, daß du eine hilflose Beute bist von Kräften, die weit jenseits deiner eigenen Kontrolle liegen und weitaus mächtiger als du sind.

T-21.V.2:3-5

Der ungeheilte Heiler wird von seinem Ego motiviert und muß daher auf dessen Rat hören. Der Kernpunkt dieses Denksystems ist, daß wir Opfer von Umständen in der Welt außerhalb von uns sind. Was der ungeheilte Heiler über sich glaubt, glaubt er auch über seinen Klienten, und daher verstärkt er es im Bewußtsein seines Klienten. Da wahre Heilung darauf abzielt, den Glauben des Klienten aufzuheben, Umstände und Menschen könnten ihm Schaden zufügen, verstärkt der ungeheilte Heiler nur die Illusion des Klienten.

5b. Der geheilte Heiler: »Es gibt keine Opfer. Wir alle wählen die Ereignisse in unserem Leben und auch, wie wir darauf reagieren wollen.«

> *Es ist unmöglich, daß der* SOHN GOTTES *nur durch Ereignisse außerhalb von ihm angetrieben wird. Es ist unmöglich, daß er Geschehnisse, die ihm widerfahren, nicht gewählt hat. Seine Macht der Entscheidung bestimmt jede Situation, in der er sich zufällig oder versehentlich zu befinden scheint.*
>
> T-21.II.3:1-3

Der geheilte Heiler weiß, daß wir alle die Drehbücher unseres Lebens selbst schreiben, auch wenn nur wenige sich dessen bewußt sind oder es glauben wollen. Unsere erste Entscheidung bestand darin, auf diesem Planeten geboren zu werden, weil wir glaubten, das Glück sei außerhalb von uns zu finden. Wir alle haben gehofft, Frieden und Glück in den Formen dieser Welt zu finden. Alles, was in unserem Leben geschieht, geschieht nicht zufällig, denn auf einer bestimmten Ebene haben wir es gewählt.

Ein Ereignis ist an sich neutral. Dann aber entscheiden wir, wie wir es sehen wollen, entweder mit den Augen des Ego oder mit den Augen des HEILIGEN GEISTES. Unser Ego wird durch das Ereignis entweder angezogen oder abgestoßen, während der HEILIGE GEIST es als eine weitere Gelegenheit sieht, Vergebung zu lernen und GOTT näherzukommen. Es ist allerdings kein Heilansatz, jemandem, der Ihnen von seinen Schmerzen berichtet, zu sagen, er habe sie selbst erfunden und sie seien nur auf die Trennung von GOTT zurückzuführen. Wenn Sie sich dem HEILIGEN GEIST öffnen, wird ER Sie anleiten, dem anderen dort zu begegnen, wo dieser zu sein glaubt, und den Fehler auf der Ebene zu berichtigen, auf der er ihn vermutet.

Jesus sagt von sich selbst: »Ich war ein Mensch, der sich an den reinen Geist und dessen Erkenntnis erinnerte. Als Mensch habe ich nicht versucht, dem Irrtum mit Erkenntnis entgegenzuwirken, sondern den Irrtum von Grund auf zu berichtigen« (T-3.IV.7:3-4). Daher ist Jesus den Menschen auf ihrer eigenen Ebene begegnet und hat ihnen zugehört, wenn sie von ihren Problemen erzählten, auch wenn er wußte, daß alle Probleme Illusionen waren. Er hat in Gleichnissen zu ihnen gesprochen, damit sie etwas von seiner Wahrheit verstanden.

Die Heilung ist ein Prozeß, wie die Vergebung und das Gebet. Wenn ein Klient sich gerade zutiefst elend fühlt, weil sein Kind vergewaltigt und ermordet wurde, zieht sich der Heilungsprozeß gewöhnlich lange hin. Das ist offensichtlich eine gewaltige Lektion in Vergebung, die stufenweise bewältigt werden muß. Es bleibt zu hoffen, daß die Zeit kommt, zu der der Klient wahrnehmen kann, daß die Angst des Mörders dieselbe Angst ist, die in ihm steckt, und daß beide sich der LIEBE GOTTES öffnen müssen. Indem er lernt, dem Mörder zu vergeben, lernt er, sich selbst zu vergeben und einen weiteren Schritt auf dem Weg zurück zu GOTT zu tun.

Viele Menschen glauben, unsere Probleme wurzelten in der frühkindlichen Erziehung und der Art, wie die Eltern mit uns umgegangen sind. Am Ende des Heilungsweges begreifen wir, daß alle Probleme von der angstvollen Vorstellung, die wir uns von unserem VATER im HIMMEL machen, herrühren. Wenn wir endlich diese Fehlwahrnehmung heilen und entdecken, daß ein gänzlich liebevoller und akzeptierender VATER uns alle erwartet, wird das Bedürfnis nach Heilung verschwinden.

6a. Der ungeheilte Heiler: »Ich habe Mitleid um des Schmerzes willen, den du leidest.«

Sich einfühlen bedeutet nicht, sich im Leiden zu verbinden – denn genau das mußt du ablehnen zu verstehen. So deutet nämlich das Ego die Einfühlung, und diese Deutung wird immer dazu benutzt, eine besondere Beziehung herzustellen, in der das Leiden geteilt wird ... Der deutlichste Beweis dafür, daß das Einfühlungsvermögen, so wie das Ego es benutzt, zerstörerisch ist, liegt in der Tatsache, daß es nur auf bestimmte Arten von Problemen und bei bestimmten Menschen angewendet wird. Diese wählt es sich aus und verbindet sich mit ihnen. Und es verbindet sich nie, außer um sich selbst zu stärken.

T-16.I.1:1-2; 2:1-3

In dem Augenblick, in dem wir irgendwie Partei ergreifen, hat das Ego die Kontrolle übernommen. Opfer und Täter haben beide Angst, und beide bitten um Liebe. Sich in das Opferbewußtsein eines anderen einzufühlen bedeutet, es in sich selbst ebenfalls zu stärken. Der Klient wird sich zu Recht als Opfer fühlen, wenn der Therapeut ihm Mitleid oder Mitgefühl entgegenbringt, und die Gelegenheit zu vergeben ist dahin. Dann richtet sich die Aufmerksamkeit darauf, dem Feind in der Welt »außerhalb von uns« zu »vergeben«, was Jesus »Vergebung-zum-Zerstören« nennt.

Wenn er sich von falschen Beweggründen leiten läßt und sich auf seine eigene Ego-Stärke stützt, ist der Heiler oft erschöpft oder ausgebrannt. Einige Hauptgründe dafür sind:

- Die Erwartung bestimmter Ergebnisse.
- Die Vorstellung, der Heiler zu sein.
- Die Überzeugung, der Klient habe selbst keine innere Stärke und müsse sich deswegen auf den Heiler verlassen.
- Die Schwierigkeit, sich selbst seine eigenen Unvollkommenheiten und Urteile zu vergeben, die sich daraus ergibt, daß er sich in einer überlegenen Stellung sieht.
- Gebraucht werden zu wollen.
- Die eigenen Bedürfnisse nicht geltend zu machen.
- Die Schwierigkeit, auf die Bitten anderer »nein« zu sagen.
- Der Versuch, das Problem auf der Symptomebene in der Welt »außerhalb« von uns zu lösen.
- Zu vergessen, sich um Hilfe an den HEILIGEN GEIST zu wenden.

6b. **Der geheilte Heiler:** »Ich sehe Ihren Schmerz und fühle mich in die Stärke in Ihnen ein. Meine liebevolle Präsenz erinnert Sie daran, daß das Licht CHRISTI in Ihnen leuchtet und daß Sie noch einmal wählen können.«

Doch dessen kannst du sicher sein: Wenn du einfach nur ruhig dasitzt und den HEILIGEN GEIST durch dich in Beziehung treten läßt, wirst du dich in die Stärke einfühlen und an Stärke und nicht an Schwäche gewinnen.

T-16.I.2:7

Der geheilte Heiler arbeitet auf zwei Ebenen. Er akzeptiert den Klienten an dem Punkt, wo er in seinem Prozeß steht, weiß aber, daß der Klient nicht das Ego ist, das er selbst zu sein glaubt. Da der Heiler den HEILIGEN GEIST in sich selbst wahrnimmt, muß er IHN auch in seinem Klienten sehen, und in IHN fühlt er sich ein. Der Heiler bemitleidet seinen Klienten nicht. Der Heiler versucht nicht, dem Klienten rationale Erklärungen anzubieten oder ihn zu überreden, sich anders zu entscheiden und die Krankheit nicht zu wählen. Der Klient ist sich dessen nicht bewußt, daß er die Krankheit gewählt hat, und glaubt, er sei das Opfer seiner körperlichen Schwäche.

Zu diesem Thema heißt es im Kurs: »Sie haben keine Ahnung, wie wahnsinnig dieses Konzept ist. Wenn sie das nur schon vermuteten, wären sie geheilt. Aber sie vermuten nichts. Die Trennung ist für sie ganz wirklich« (H-5.III.1:10-13). Dieses Zitat stammt aus dem Abschnitt im Handbuch für Lehrer »Die Funktion des Lehrers GOTTES«. Dort werden wir daran erinnert, daß die friedliche, liebevolle und akzeptierende Präsenz eines Lehrers GOTTES dem Klienten Gelegenheit bietet, »anderen Geistes zu werden« und Vergebung statt Angriff zu wählen.

Der Klient nimmt auf einer gewissen Ebene wahr, daß sein Schmerz den Heiler nicht beunruhigt. Er merkt, daß der Heiler etwas anderes in ihm sieht als sein Ego. Die Gegenwart des geheilten Heilers gibt dem Klienten Gelegenheit, sich selbst in einem andern Licht zu sehen, die Vergangenheit loszulassen und sich seiner wahren Wirklichkeit zu öffnen.

Der einzige Beitrag von Bedeutung, den der Heiler leisten kann, besteht darin, ein Beispiel abzugeben von einem, dessen Richtung für ihn geändert worden ist und der nicht mehr an Alpträume irgendwelcher Art glaubt. Das Licht in seinem Geist wird daher dem Fragenden Antwort geben, der mit GOTT entscheiden muß, daß Licht da ist, weil er es sieht.

T-9.V.7:4-5

Die eigentliche Funktion des Heilers besteht darin, als Erinnerung an eine andere Seinsweise zu dienen und damit dem Klienten das Beispiel von jemandem aufzuzeigen, der an die Wirklichkeit des HEILIGEN GEISTES glaubt statt an diejenige des Ego. Es sind nicht die Methoden, die der Heiler anwendet, die zur Heilung führen. Wie bereits zitiert: »Es sind nicht ihre Hände, die heilen. Es ist nicht ihre Stimme, die das WORT GOTTES spricht. Sie geben nur, was ihnen gegeben wurde« (H-5.III.2:8-10).

In der Bibel heißt es, Jesus habe seine Hände und sogar seinen Speichel zum Heilen verwendet. Er wußte allerdings, daß die Leute Handauflegen mit Heilung in Verbindung brachten und glaubten, der Speichel enthalte eine Heilkraft. Er paßte sich ihren Bedürfnissen und Erwartungen an und verwendete ihren Glauben zu ihrem Nutzen. Aber es war sein liebevolles, sanftes Wesen, das sie daran erinnerte, daß sie die Vergebung wählen und den Geistesfrieden wiederfinden konnten, anstatt auf die Litanei des Ego von Trennung, Angriff und Krankheit zu hören. Auch kümmerte Jesus die scheinbare Schwere einer Krankheit nicht, denn er wußte, daß jede Krankheit den gleichen Zweck erfüllt, das Denksystem des Ego wirklich erscheinen zu lassen. Wenn Jesus gelehrt hätte, daß einige Krankheiten schwieriger zu heilen sind als andere, hätte er dem Ego zugestimmt, daß es eine Hierarchie von Problemen in dieser Welt gibt (siehe dazu »Die Gesetze des Chaos« im 23. Kapitel des Textbuches).

In jeder Lage, in der Jesus um eine Heilung gebeten wurde, wußte er, daß er – ungeachtet der scheinbaren Schwere der Krankheit – nur eine einzige Aufgabe hatte: die Illusion im Geist des Kranken zu zerstreuen, daß er von GOTT getrennt sei, und ihm zu zeigen, daß GOTT ihn noch immer liebte und daß er nach wie vor so war, wie GOTT ihn erschaffen hatte.

Wenn wir den Weg der Vergebung gehen, wird das Licht des HEILIGEN GEISTES unseren Geist erhellen, wie es auch bei Jesus der Fall war, und wir werden es in den Geist anderer ausbreiten. Es ist dieses Licht, das andere heilt, wenn es angenommen wird. Wenn das Ego vergangen ist, wird nur noch der HEILIGE GEIST in unserem Geist verweilen, um alle zu segnen, denen wir begegnen. Die Funktion des Entscheiders vergeht dann ebenfalls, und wir werden jeden Augenblick angeleitet, was wir tun oder sagen sollen. Die Qual und Verwirrung der Wahl wird durch den Frieden, die Freude und Gewißheit GOTTES ersetzt, und wir erkennen, daß wir geheilt worden sind.

Vergiß nicht, daß die Heilung des GOTTESSOHNES das einzige ist, wozu die Welt dient. Das ist der einzige Zweck, den der HEILIGE GEIST in ihr sieht, und somit der einzige, den sie hat.
T-24.VI.4:1-2

Anhang

Kurze Zusammenfassung des Kurses

»Es mag dich überraschen zu hören, wie sehr die Wirklichkeit sich von dem unterscheidet, was du siehst« (T-18.I.5:1).* Unsere Sinnesorgane bringen uns Nachrichten von einer scheinbar wirklichen und stofflichen Welt. Im Kurs wird uns hingegen mitgeteilt, daß wir sowohl die Zeit des Schlafes wie die des Wachens in einem Traum der scheinbaren Trennung von GOTT verbringen. Unser wahres Wesen ist nach wie vor Geist, als der uns GOTT schuf, und so wird es auch ewig sein. GOTT wird als vollkommen, grenzenlos, formlos, ewig und unveränderlich beschrieben, und daher muß es SEINE SCHÖPFUNG, im Kurs der CHRISTUS oder die SOHNSCHAFT genannt, ebenfalls sein. Nichts in unserem Universum läßt sich mit irgendeinem dieser Begriffe beschreiben, und daher kann es nicht von GOTT erschaffen worden sein. Wir sind Ideen im GEISTE GOTTES, und als Ideen können wir den GEIST GOTTES nicht verlassen. Diese vollkommene Einheit GOTTES und CHRISTI ist der HIMMEL, und nichts kann ihn bedrohen.

---

*   Die Anregung zu dieser Zusammenfassung und der folgenden Abbildung stammt aus *Vom Traum erwachen* von Gloria und Kenneth Wapnick, Greuthof Verlag, 1998.

Kurzer Überblick über den Kurs

»Nichts Wirkliches kann bedroht werden.«
T-Einl.

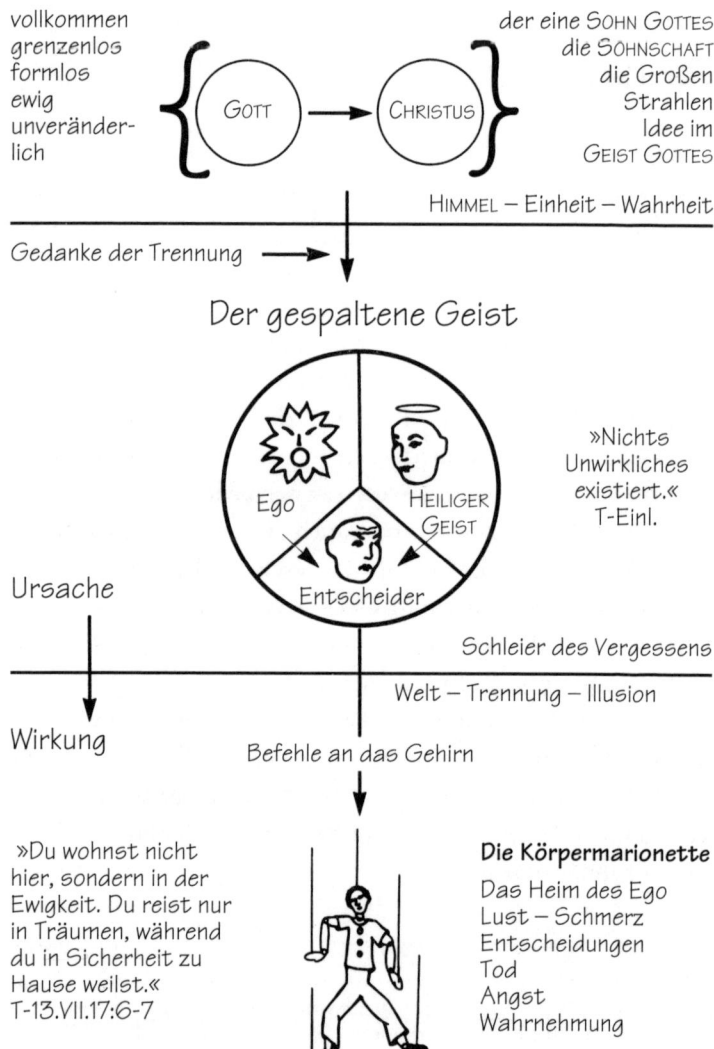

vollkommen
grenzenlos
formlos
ewig
unveränder-
lich

GOTT → CHRISTUS

der eine SOHN GOTTES
die SOHNSCHAFT
die Großen
Strahlen
Idee im
GEIST GOTTES

HIMMEL – Einheit – Wahrheit

Gedanke der Trennung →

Der gespaltene Geist

Ego   HEILIGER GEIST

Entscheider

Ursache

»Nichts
Unwirkliches
existiert.«
T-Einl.

Schleier des Vergessens

Welt – Trennung – Illusion

Wirkung

Befehle an das Gehirn

»Du wohnst nicht
hier, sondern in der
Ewigkeit. Du reist nur
in Träumen, während
du in Sicherheit zu
Hause weilst.«
T-13.VII.17:6-7

Die Körpermarionette

Das Heim des Ego
Lust – Schmerz
Entscheidungen
Tod
Angst
Wahrnehmung

Aus Gründen, die wir nicht verstehen können, kam ein Gedanke der Trennung von GOTT im kollektiven Geist der Sohnschaft auf. Diese Idee, die im Kurs als Ego bezeichnet wird und über die wir »zu lachen vergaßen«, besagt, wir könnten GOTTES Platz einnehmen und zum Schöpfer werden. GOTTES Antwort darauf war die Erschaffung des HEILIGEN GEISTES in unserem Geist als Berichtigung dieser »winzig kleinen Wahnidee« der Trennung.

Da wir nicht auf die STIMME FÜR GOTT hören wollten, empfanden wir ein überwältigendes Gefühl der Sünde um dessentwillen, was wir vollbracht zu haben glaubten. Aus diesem Akt der Sünde entstanden Schuld und die Angst vor der Strafe GOTTES. Unser Geist spaltete sich in die Falschgesinntheit des Ego, die Rechtgesinntheit des HEILIGEN GEISTES und den schlafenden SOHN GOTTES (den Entscheider) auf, der nun die Wahl zu treffen hat, auf wen er hören soll. Der Ego-Teil sagt uns, wir würden den rächenden Zorn GOTTES nicht überleben, der durch den HEILIGEN GEIST in unserem Geist vertreten wird. Aus Angst hören wir auf den Rat des Ego, setzen uns mit diesem gleich und projizieren den Gedanken der Trennung als Bild aus unserem Geist hinaus. Dieses Bild ist das physische Universum, in dem wir uns jetzt vor GOTTES Zorn und unserer Schuld verstecken.

Ein Schleier des Vergessens ist daraufhin über unsere Entscheidung gefallen, und diese illusionäre Welt erscheint uns nun sehr wirklich. Dennoch sind wir uns immer noch geborgen im HIMMEL, obschon wir tief in unseren Traum der Verbannung versunken sind. Die Illusion scheint so wirklich zu sein, daß wir nicht ohne die Hilfe des HEILIGEN GEISTES aufwachen können. Nun scheint unser Körper wirklich zu sein anstelle des reinen Geistes, den uns die Schau offenbaren würde. Das Ego lehrt uns unsere Schuld zu verleugnen und sie auf andere zu projizieren. Unsere Schuld (der Selbsthaß) scheint jetzt von Menschen und Umständen außerhalb von uns zu kommen. Jetzt glauben wir, wir würden uns zu Recht über andere ärgern, und Angriff als Selbstverteidigung wird zur Notwendigkeit (die besonderen Haßbeziehungen). Da wir einen riesigen Mangel in uns spüren, rät uns das Ego, uns Menschen zu suchen, die unsere eingebildeten Bedürfnisse – nach Sicherheit, Sex, Geld, Karriere usw. – befriedigen können (die besonderen Liebesbeziehungen).

Wenn wir aus diesem Traum erwachen und unsere verlorene Schau wiedererlangen wollen, müssen wir unseren Glauben an die Trennung von GOTT aufheben. Der Plan des HEILIGEN GEISTES für unser Erwachen wird als SÜHNE (Berichtigung der Wahrnehmung) bezeichnet. Wir lernen nach und nach, daß die Welt nur ein neutraler Spiegel der Überzeugungen in unserem Geist ist. Kein Mensch und kein Ereignis hat die Macht, uns den Frieden zu geben oder ihn uns wegzunehmen. Wenn uns jemand oder etwas »außerhalb von uns« in der Welt stört, sehen wir nur die Projektion eines Teiles unseres Geistes, der nicht vergeben ist.

Wenn wir die »kleine Bereitschaft« aufbringen, die Botschaft der Vergebung des HEILIGEN GEISTES in unseren Geist einzulassen, können wir uns durch die Verbindung mit anderen auf den Weg zur Aufhebung der Trennung machen. Wir vergeben, indem wir zuerst unsere Projektionen von der Welt nehmen und sie in unseren Geist zurückholen, wo sie entstanden sind. Jetzt können wir unseren Geist heilen, indem wir aufhören, seinen Ego-Inhalt zu verurteilen. Unsere Selbstverurteilung verhindert die Heilung unseres Geistes durch den HEILIGEN GEIST. Schuld erfordert Strafe, nicht Heilung.

Wenn wir lernen, uns nicht mehr zu verurteilen, lassen wir die allgegenwärtige Liebe des HEILIGEN GEISTES die Wolken der Schuld in unserem Geist hinwegleuchten. Dieser Wechsel der Wahrnehmung von der Ego-Welt der Trennung und des

Angriffs zu dem, wozu uns der HEILIGE GEIST rät – nämlich Verbindung und Vergebung –, ist ein Wunder. Indem wir Vergebung in unseren Beziehungen üben, heben wir nach und nach die Schuld auf, die die Erinnerung an die LIEBE GOTTES in unserem Geist verdeckt. Langsam begreifen wir, daß wir nicht vor dem Zorn, sondern vor der LIEBE GOTTES weggelaufen sind. Das Gewahrsein der LIEBE GOTTES wieder in unseren Geist einzulassen führt zur Auflösung unseres Ego, und davor haben wir am meisten Angst.

Beziehungen werden zu einer Schule, in der wir uns dadurch vergeben lernen, daß wir anderen vergeben (heilige Beziehungen). Jesus ist das beste Beispiel für uns, da er diese Lektion der Vergebung gelehrt hat. Immer deutlicher erkennen wir, daß Menschen, die uns aus Angst angreifen, eigentlich unsere Liebe erbitten. So lassen wir den HEILIGEN GEIST immer mehr unsere Welt vom Gefängnis des Ego zu einer Lehreinrichtung umwandeln, in der wir aus dem Traum der Trennung erwachen, was es uns ermöglicht, in die wirkliche Welt der Schau einzugehen.

Erwacht die Erkenntnis dessen in unserem Geist wieder, WER wir wirklich sind, bewegen wir uns in vollkommenem Frieden und mit einer inneren Freude in dieser Welt, die uns niemand nehmen kann. Dann nehmen wir alle als unsere Brüder und Schwestern wahr, deren Wirklichkeit der ewige reine Geist ist und auf die wir die Liebe des HEILIGEN GEISTES ausdehnen.

Schlüsselbegriffe in
EIN KURS IN WUNDERN

HIMMEL
Vollkommene Einheit von GOTT und CHRISTUS

- CHRISTUS • Ausdehnung • Erkenntnis
- reiner Geist • geeinter Geist • Wille
- Liebe • Leben • Ewigkeit

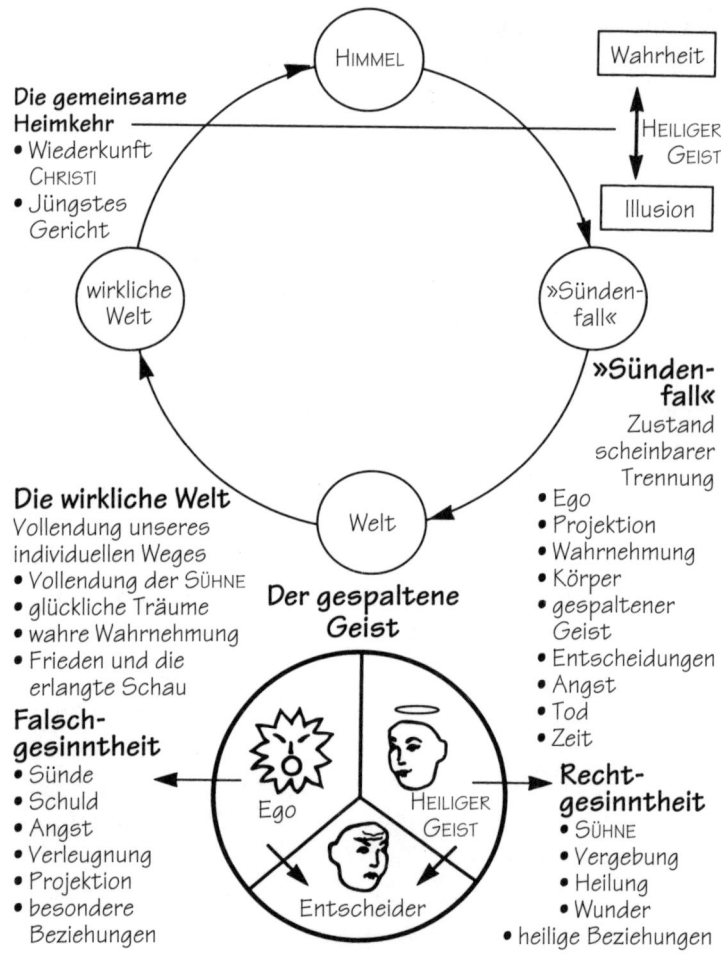

Die gemeinsame Heimkehr
- Wiederkunft CHRISTI
- Jüngstes Gericht

Wahrheit

HEILIGER GEIST

Illusion

HIMMEL

wirkliche Welt

»Sünden-fall«

»Sünden-fall«
Zustand scheinbarer Trennung
- Ego
- Projektion
- Wahrnehmung
- Körper
- gespaltener Geist
- Entscheidungen
- Angst
- Tod
- Zeit

Welt

Die wirkliche Welt
Vollendung unseres individuellen Weges
- Vollendung der SÜHNE
- glückliche Träume
- wahre Wahrnehmung
- Frieden und die erlangte Schau

Der gespaltene Geist

Falsch-gesinntheit
- Sünde
- Schuld
- Angst
- Verleugnung
- Projektion
- besondere Beziehungen

Ego

HEILIGER GEIST

Entscheider

Recht-gesinntheit
- SÜHNE
- Vergebung
- Heilung
- Wunder
- heilige Beziehungen

Hinweise zum Lesen der Zitatangaben

Stellen aus *Ein Kurs in Wundern* werden in folgender Weise zitiert, mit jeweils einem Beispiel zu jedem Teil des Kurses:

T-26.IV. 4: 7

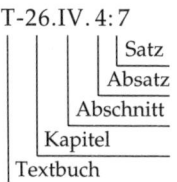

Ü-I.169.5:2

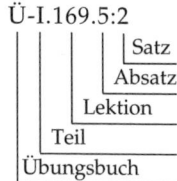

H-13.3:2

B-4.6:7

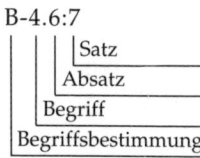

P-2. VI. 5: 1

L-2. II. 7: 7

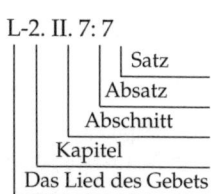

Abkürzungen für *Ein Kurs in Wundern*:

T:	Textbuch	Einl.:	Einleitung
Ü:	Übungsbuch	Wdh.:	Wiederholung
H:	Handbuch für Lehrer		(im Übungsbuch)
B:	Begriffsbestimmung	LL:	Letzte Lektionen
P:	»Psychotherapie: Zweck,		(im Übungsbuch)
	Prozeß und Praxis«	Ep.:	Epilog
L:	»Das Lied des Gebets:		
	Gebet, Vergebung, Heilung«		

Literatur- und Kassettenempfehlungen

Grundlagenwerk

Ein Kurs in Wundern®, Greuthof Verlag, 1994
Die Ergänzungen zu Ein Kurs in Wundern, Greuthof Verlag, 1995

Bücher und Kassetten
von Kenneth und Gloria Wapnick

Im Greuthof Verlag sind bisher erschienen:
- Kenneth Wapnick, *Einführung in Ein Kurs in Wundern –* Betrachtungen über einen anderen Weg zum inneren Frieden, 1993
- Kenneth Wapnick, *Glossar zu Ein Kurs in Wundern,* 1995
- Kenneth und Gloria Wapnick, *Der Himmel hat kein Gegenteil* – Die wichtigsten Fragen zu Ein Kurs in Wundern, 1996
- Kenneth Wapnick, *Wunder als Weg* – Die 50 Grundsätze der Wunder in Ein Kurs in Wundern, 1996
- Kenneth Wapnick, *Die Vergebung und Jesus* – Zentrale Lehren von Christentum und Ein Kurs in Wundern, 1997
- Kenneth und Gloria Wapnick, *Vom Traum erwachen* – Ein Kurs in Wundern, Anfang und Ende der Traumwelt, 1998
- Kenneth Wapnick, *Jenseits der Glückseligkeit* – Das Leben von Helen Schucman und die Niederschrift von Ein Kurs in Wundern, 1999
- Kenneth Wapnick, *Die Botschaft von Ein Kurs in Wundern* – das umfassende Standardwerk zum richtigen Verständnis des Kurses, 2000
- Kenneth Wapnick und Norris Clarke, *Ein Kurs in Wundern und das Christentum* – ein Dialog, 2001

- Kenneth Wapnick, *Die Illusion der Zeit* – Zeit als Phänomen in Ein Kurs in Wundern, 2002
- Kenneth Wapnick, *Was Ein Kurs in Wundern besagt,* Audiocassettenset Nr. 1, 1999
- Kenneth Wapnick, *Das Ego und die Vergebung,* Audiocassettenset Nr. 2, 2000
- Kenneth Wapnick, *Die Metaphysik der Trennung und Vergebung,* Audiocassettenset Nr. 3, 2001
- Kenneth Wapnick, *Es muss einen anderen Weg geben,* Audiocassettenset Nr. 4, 2002
- Kenneth Wapnick, *Ich will den Frieden Gottes,* Audiocassettenset Nr. 5, 2003
- Kenneth Wapnick, *Der Fremde auf dem Weg,* Audiocassettenset Nr. 6, 2004
- Kenneth Wapnick, *Ein Kurs in Wundern in der Praxis,* Audiocassettenset Nr. 7, 2005

Gerne senden wir Ihnen unser aktuelles Gesamtverzeichnis, auf Wunsch auch Informationen zu *Ein Kurs in Wundern:*

Greuthof Verlag und Vertrieb GmbH
Herrenweg 2 · D 79261 Gutach i. Br.
Tel. 0 76 81 - 60 25 · Fax 0 76 81 - 60 27
mail@greuthof.de · www.greuthof.de

Informationen über alle englischsprachigen Titel erhalten sie bei der:

Foundation for »A Course in Miracles«
41397 Buecking Drive
Temecula, CA 92 590-5667
USA
www.facim.org

Weitere Literatur aus dem Greuthof Verlag:

EIN KURS IN WUNDERN

Ein Kurs in Wundern ist ein beispielloses Unterrichtswerk, mit einem Theorie- und Übungsteil, das uns über eine schrittweise Veränderung der Wahrnehmung den Weg zur spirituellen Entwicklung weist. Dieses Werk verbindet auf einzigartige Weise tiefgründige spirituelle Lehren mit psychologischen Einsichten. Es vergleicht unsere Existenz in dieser Welt mit einem Traum, aus dem wir Schritt für Schritt herausgeführt werden. Tägliche Lektionen begleiten und unterstützen die persönliche Transformation.

Im Mittelpunkt der Lehren des Kurses steht die Vergebung, mit deren Hilfe die Hindernisse ausgeräumt werden, die der Liebe den Weg versperren. Nur dadurch können wir uns von dem Glauben an Angst und Schuld befreien und unser wahres Wesen wiederfinden, den inneren Frieden und das Einssein jenseits von Raum und Zeit.

1320 Seiten, gebunden, 6. Auflage

DIE ERGÄNZUNGEN ZU *EIN KURS IN WUNDERN*

Psychotherapie: Zweck, Prozeß und Praxis
Das Lied des Gebets: Gebet, Vergebung, Heilung

Die beiden Abhandlungen entstanden im Nachklang zu *Ein Kurs in Wundern* und wurden auf die gleiche Weise wie der Kurs übermittelt und niedergeschrieben.

»*Psychotherapie: Zweck, Prozeß und Praxis*« enthält für Fachleute und Laien gleichermaßen neue und aufschlussreiche Einsichten über das Wesen von Therapie und ihre Beziehung zur Spiritualität.

»*Das Lied des Gebets*« wirft ein neues Licht auf die wichtige Frage, worin wahres Gebet besteht. Die verschiedenen Stufen des Gebets – von seinen anfänglichen Formen bis hin zur Vollendung – werden erläutert. Dem Leser wird überdies die enge Verbindung zwischen Gebet, Vergebung und Heilung vor Augen geführt.

105 Seiten, 3. Auflage

Kenneth Wapnick
EINFÜHRUNG IN *EIN KURS IN WUNDERN*
Betrachtungen über einen anderen Weg zum inneren Frieden

Die Weisheit und Liebe, die aus den Zeilen des Kurses dringen, berühren uns, doch oft bleibt uns ihr tiefer Sinn verborgen.

Kenneth Wapnick war eng mit der Veröffentlichung von *Ein Kurs in Wundern* verbunden und gilt weltweit als dessen bester Kenner. Nach einer kurzen Erläuterung der Entstehungsgeschichte führt uns der promovierte Psychologe und Therapeut sehr klar und verständlich in die wichtigsten Grundprinzipien dieses außergewöhnlichen Werkes ein. Behutsam lässt er die Lehre des Kurses lebendig werden und zeigt, wie wir sie sinnvoll in unseren Alltag integrieren können.

Diese *Einführung* ist das ideale »Sprungbrett« zu einem fundierten Verständnis von *Ein Kurs in Wundern*.

7. Auflage, 154 Seiten

Kenneth Wapnick
DIE BOTSCHAFT VON
EIN KURS IN WUNDERN

Mit seinen umfassenden Erläuterungen legt Kenneth Wapnick den Grundstein dazu, die kraftvolle Botschaft von *Ein Kurs in Wundern* für uns erfahrbar zu machen. Mit unserem spirituellen Wachstum werden sich uns die Schätze des Kurses zunehmend auftun. Neue Einsichten verhelfen uns zu einer geistigen Offenheit, in der wir erkennen, was uns von der Erfahrung des Einsseins mit Gott trennt.

Wir lernen auch die philosophischen und psychologischen Aussagen des Kurses kennen und seine ideengeschichtlichen Parallelen zu Plato, den Lehren der Gnostiker sowie zum Werk Sigmund Freuds. Sanft, liebevoll und mit großer Weisheit wird uns die spirituelle Leiter gezeigt, die uns nach Hause zurückführt. Ein meisterhaftes Buch, dem zu Recht eine Stellung als Standardwerk zum richtigen Verständnis von *Ein Kurs in Wundern* zukommt.

604 Seiten, gebunden

Kenneth Wapnick
JENSEITS DER GLÜCKSELIGKEIT
Das Leben Helen Schucmans und die Niederschrift
von *Ein Kurs in Wundern*

Helen Schucman, eine angesehene Psychologieprofessorin, schenkte der Welt das spirituelle Grundlagenwerk *Ein Kurs in Wundern,* das in überragender sprachlicher Schönheit zeitlose Einsichten mit wesentlichen psychologischen Erkenntnissen verbindet. In *Jenseits der Glückseligkeit* erzählt Kenneth Wapnick die faszinierende Lebensgeschichte Helens und eröffnet uns einen authentischen Einblick in die ungewöhnliche Entstehung dieses bedeutenden Werkes.

Mit vielen dokumentarischen Fotos und bisher noch nicht veröffentlichten Übermittlungen wird diese aus dem Herzen geschriebene Biographie zu einer fesselnden Lektüre, die zutiefst berührt.

571 Seiten

DER VERGESSENE GESANG
Die Entstehungsgeschichte von *Ein Kurs in Wundern*

Ein Kurs in Wundern wurde aufgrund einer inneren Stimme von der angesehenen Psychologieprofessorin Dr. Helen Schucman zwischen 1965 und 1972 niedergeschrieben. Bei diesem ungewöhnlichen Unterfangen stand ihr von Anfang an ihr Kollege Dr. William Thetford, ebenfalls Professor an der New Yorker Columbia-Universität, zur Seite.

Dieser an den Orten des Geschehens gedrehte Dokumentarfilm berichtet von der erstaunlichen Entstehungsgeschichte des Kurses. Er zeichnet die Erlebnisse Helen Schucmans nach und schließt nachgespielte Szenen aus ihren Visionen und Träumen ein, die zur Niederschrift dieses zeitlosen spirituellen Werkes von außergewöhnlicher Schönheit und Tiefe führten.

Ein bewegender Einblick in die Geschichte des Kurses – für Auge, Ohr und Herz.

VHS-Video, 60 Minuten, 7. Auflage

Gloria und Kenneth Wapnick
DER HIMMEL HAT KEIN GEGENTEIL
Die wichtigsten Fragen zu *Ein Kurs in Wundern*

Das Studium von *Ein Kurs in Wundern* führt nicht nur zu überraschenden Einsichten, es wirft oft auch eine Reihe von brennenden Fragen auf, wie zum Beispiel:
Was ist das Wesen Gottes? Wie sind Welt und Körper entstanden? Was bedeutet Erleuchtung? Warum müssen wir Jesus vergeben? Wie sollte man dem Kurs zufolge Kinder erziehen? Wie finde ich den richtigen Therapeuten? In welcher Beziehung steht der Kurs zu anderen spirituellen Wegen?

Diese und viele andere Fragen beantworten die beiden Autoren mit großer menschlicher und psychologischer Kompetenz. Durch ihre umfassende Kurserfahrung geben sie uns entscheidende Impulse, mit denen wir unser Verständnis dieses bedeutenden geistigen Lehrwerks vertiefen können und neue Kraft für unser Leben und unseren Alltag gewinnen.

201 Seiten, 3. Auflage

Kenneth Wapnick
DIE VERGEBUNG UND JESUS
Zentrale Lehren von Christentum und *Ein Kurs in Wundern*

Aus seinem tiefen Einblick in das Wesen des Kurses ebnet Kenneth Wapnick uns einen unmittelbaren Zugang zu diesem bedeutenden geistigen Werk. Gleichzeitig eröffnet sich uns ein neues Verständnis der christlichen Lehren.

Ausführlich werden die zentralen Grundsätze des Kurses sowie deren Anwendung auf elementare Themen wie Krankheit, Ungerechtigkeit und Sexualität erläutert. Zugleich werden die Lehren des Neuen Testaments zur Vergebung und zum Sinn der Kreuzigung eingehend behandelt und dabei viele Missverständnisse ausgeräumt, die unser Jesusbild bis heute trüben und verfälschen.

Ein lebendiges Bild des vergebenden Jesus, das uns zeigt, welche Rolle er in unserem Leben spielen kann und was es bedeutet, ihm zu folgen.

411 Seiten, 2. Auflage

Gloria und Kenneth Wapnick
VOM TRAUM ERWACHEN
Ein Kurs in Wundern – Anfang und Ende der Traumwelt

Aus der Welt von Raum und Zeit werden wir auf eine Entdeckungsreise in unser geistiges Sein mitgenommen. In eindrucksvollen Bildern ersteht vor uns eine bisher vergessene Wirklichkeit, in der alle Getrenntheit aufgehoben ist.

Wer sind wir wirklich? Wie kommt es, daß wir uns immer wieder mit Problemen konfrontiert und von ihnen bedroht sehen? Wozu das alles, und wo liegt der Ausweg?

Anhand eines bewegenden visionären Erlebnisses der Autorin erläutern Gloria und Kenneth Wapnick gemeinsam die Metaphysik von *Ein Kurs in Wundern*. Sie verstehen es meisterhaft, den Kurs darzulegen und uns einen unmittelbaren Zugang zu seiner Lehre zu vermitteln.

In *Vom Traum erwachen* erfahren wir den Kurs aus einer neuen Sichtweise.

183 Seiten

Gerald G. Jampolsky
MINIKURS

Small is beautiful: Nach dieser Devise bereitet uns der *Minikurs* einen interessanten Einstieg in *Ein Kurs in Wundern*.

Gerald G. Jampolsky ist weltbekannt als Autor zahlreicher Bücher. Hier führt er uns mit Hilfe wichtiger Zitate in die heilende Welt des Kurses ein. Die befreiende Grunderfahrung dabei ist: Wir selbst haben in jeder Situation die Wahl zwischen Frieden und Konflikt. Der Minikurs ist ein 18-tägiges Übungsprogramm – jeden Tag schenkt er uns ein neues Mosaik aus der faszinierenden Welt des Kurses.

Eine schöne Kostprobe der Klarheit und Weisheit von *Ein Kurs in Wundern* und ein ideales Geschenk für gute Freunde.

Leporello und 18-Karten-Set, mit künstlerischen Aquarellen, 5. Aufl.

Lee Coit
NACH INNEN HÖREN
Anleitung zum Wahrnehmen der inneren Stimme

Jeder von uns besitzt eine innere Stimme: Sie steht uns bei und kann uns führen – wann immer wir sie brauchen. Diese Stimme ist eine Quelle der Wahrheit, sie gibt uns Antwort auf unsere Fragen und schenkt uns tiefe Ruhe und Zufriedenheit.

Inspiriert von *Ein Kurs in Wundern*, zeigt uns Lee Coit, wie wir uns der inneren Stimme bewusst werden und lernen können, ihr zuversichtlich zuzuhören.

Wir entdecken, wie wir dieser Stimme vertrauen können, wie sie unserem Leben eine neue Ausrichtung geben und uns dabei helfen kann, Entscheidungen zu treffen.

Auf unsere innere Stimme hören können wir jederzeit und überall – daraus erwachsen uns innere Sicherheit und Ausgeglichenheit.

134 Seiten, 7. Auflage

Lee Coit
HÖREN UND ANNEHMEN
Der inneren Stimme vertrauen lernen

Auf unserem spirituellen Weg brauchen wir manchmal die Ermunterung, dass wir tatsächlich auch selbst erleben können, was wir über fortgeschrittene Seelen lesen. Wenn wir an das Leben heiliger Menschen denken, scheint es uns, als seien sie etwas ganz Besonderes und für uns unerreichbar.

Der Autor ist kein Heiliger, und niemand hat ihn über das Wasser gehen sehen. Aber er hat den Mut, seiner inneren Stimme zu folgen. Er führt uns auf den Weg, indem er uns zeigt, wie wir in die Tat umsetzen können, was wir hören.

Dies ist der Folgeband zu *Nach innen hören* und zugleich ein Anleitungsbuch, mit dem wir lernen können, der eigenen inneren Stimme zu vertrauen.

174 Seiten, 3. Auflage

**HERZENSTÜREN
ÖFFNEN**
EILEEN CADDY   FINDHORN

Greuthof

Eileen Caddy
HERZENSTÜREN ÖFFNEN

»Der Friede hat seinen Ursprung im Inneren. Er liegt in jeder Seele wie ein winziger Same, der darauf wartet, zu keimen, zu wachsen und zu gedeihen.«

Eileen Caddys tiefe Einsichten haben die Herzen einer ständig wachsenden weltweiten Leserschaft berührt. Dieser in über 20 Sprachen übersetzte Jahresbegleiter enthält die inspirierendste Sammlung ihrer Weisungen. Was sie innerlich erfuhr, wurde in ihrem Leben sichtbar, wurde lebendig, um in ihr und durch sie Gestalt anzunehmen.

Wer sich täglich mit diesen klaren Lehren voller spiritueller Wahrheit und visionärer Kraft befasst, dem können sie dabei helfen, sich geistig zu erneuern und immer wieder frische Kraft zu gewinnen.

Jeden Tag entdecken wir aufs Neue tiefe Einsichten, die für uns alle gut verständlich und praktisch umsetzbar sind.

406 Seiten, broschiert, 28. Auflage. Auch als liebevoll gestaltete Sonderausgabe in Halbleinen, mit Goldprägung, Schutzumschlag und Leseband erhältlich.

**FLUG
IN DIE INNERE
FREIHEIT**

DIE AUTOBIOGRAPHIE VON
EILEEN CADDY   FINDHORN

Greuthof

Eileen Caddy
FLUG IN DIE INNERE FREIHEIT
Die Autobiographie der Mitbegründerin
der Findhorn-Gemeinschaft

In dieser bewegenden Autobiographie lässt Eileen Caddy uns teilhaben an ihrem Leben voll unermüdlichem Engagement und Hingabe an die innere Arbeit, die sie über all die Jahre still und ruhig, voller Liebe und zum Wohl des Ganzen geleistet hat.

Mit ihrem unerschütterlichen Glauben hat sie unzähligen Menschen die Herzen geöffnet und ihnen durch ihr inspirierendes Vertrauen Mut und Zuversicht geschenkt.

Flug in die innere Freiheit ist eine sehr persönliche Begegnung mit Eileen, bei der wir durch die Kraft ihrer Liebe tief berührt werden und ein Gefühl von inniger Geborgenheit erfahren, das lange nachklingt und diese beeindruckende Frau für immer unvergesslich macht.

347 Seiten, 4., erweiterte Auflage

David Earl Platts
MIT GOTT IM HERZEN
ZU EHREN VON EILEEN CADDY – FINDHORN

Greuthof

E. Caddy / D. Platts
MIT GOTT IM HERZEN

Eileen Caddy, Mitbegründerin der Findhorn-Foundation, ist zweifellos eine der wichtigsten Persönlichkeiten unserer Zeit, die ihre Spiritualität im täglichen Leben verwirklichen. *Mit Gott im Herzen* lädt uns ein, für eine Weile in das Leben und Wirken dieser besonderen und doch so natürlichen Frau einzutreten.

Blättern wir gemeinsam in Eileen Caddys Album, das uns die Persönlichkeiten, unvergesslichen Momente und Schlüsselereignisse ihres Lebens miterleben lässt.

Indem sie den Lichtstrahl ihrer Weisungen und die Wärme ihres Herzens mit uns teilt, treten wir gestärkt und bereichert hervor, um unseren Weg mit neuem Schwung zu meistern.

120 Seiten, gebunden, viele Schwarzweiß- und Farbfotografien

ENGELKARTEN

Engelkarten geben uns die Möglichkeit, einer reinen Schwingung zu begegnen, die in freudigem Einklang mit der schöpferischen Weisheit wirkt.

Wir ziehen die inspirierenden Engelkarten ganz einfach als himmlischen Begleiter für den Tag oder zu einer besonderen Gelegenheit. Bei wichtigen Entscheidungen helfen sie uns als Klarheit bringende Orakel. In Meditation und Therapie werden sie erfolgreich zur Unterstützung von Sammlung und Heilung verwendet. Ob in der Familie, mit Freunden oder bei der Arbeit – stets schenken sie uns spirituelle Leichtigkeit im Alltag und in unseren persönlichen Beziehungen.

Diese reizenden Engelkärtchen geben uns viel Freude und wichtige Impulse – gewürzt mit dem richtigen Quäntchen Humor.

Je Set 52 Karten

DAS SPIEL DER WANDLUNG

Dieses Spiel erlaubt uns, auf anregende und fröhliche Weise mehr über uns und andere zu erfahren. Es spiegelt die Lebenssituation der Spieler treffend wider, lässt Selbsterkenntnis und Wachstum zum spannenden Krimi werden und macht riesigen Spaß.

Weil das *Spiel der Wandlung* jedes Problem mitten ins Herz trifft, wird es uns immer wieder helfen, wichtige persönliche Fragen zu klären und unmittelbare Führung für unseren nächsten Schritt zu erlangen.

Spielerisch finden wir neue Wege, bringen mehr Reichtum in unsere Beziehungen, erkennen unsere persönliche Aufgabe klarer und entwickeln unsere Fähigkeiten weiter. Jedes Spiel enthält einen kompletten Satz von 52 Engelkarten, die auch alleine benutzt werden können, als Anreiz zu individueller Kreativität und um unsere Fähigkeit zu erfüllenden Beziehungen zu fördern.

Von Joy Drake und Kathy Tyler in Findhorn entwickeltes Brettspiel für 2-4 Spieler, 7. Auflage

---

EIN HAUCH VON HIMMEL

Literatur, Videos, Kassetten, Spiele etc. *Ein Kurs in Wundern*, Findhorn, Engelkarten, Das Spiel der Wandlung… Gerne senden wir Ihnen unser aktuelles Gesamtverzeichnis zu, auf Wunsch auch Informationen zu *Ein Kurs in Wundern* und Findhorn.

Greuthof

Verlag und Vertrieb GmbH
Herrenweg 2 · D-79261 Gutach i.Br.
Tel. 07681-6025 · Fax 07681-6027
mail@greuthof.de · www.greuthof.de